UN AMOUR

MAUDIT

PAR

XAVIER DE MONTÉPIN

1

PARIS
LOUIS CHAPPE, LIBRAIRE-ÉDITEUR
Successeur de HYP. SOUVERAIN
5, rue des Beaux-Arts, 5.

1861

UN AMOUR MAUDIT

Fontainebleau — Imp. de E. JACQUIN

UN AMOUR
MAUDIT

PAR

XAVIER DE MONTÉPIN

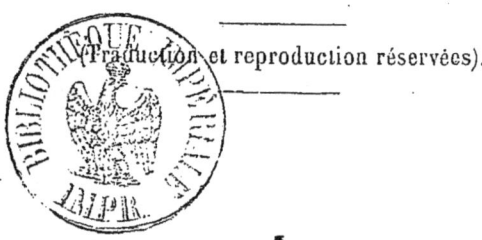
(Traduction et reproduction réservées).

1

PARIS
LOUIS CHAPPE, LIBRAIRE-ÉDITEUR
Successeur de HYP. SOUVERAIN
5, rue des Beaux-Arts, 5.

1861

I

Mademoiselle Flore.

Le château de Talmay, situé à l'une des extrémités du Val-Suzon et à quatre ou cinq lieues de Dijon, passe à bon droit pour l'une des plus belles habitations de la Bourgogne.

Cette admirable résidence, bâtie en pierre

et en brique, avec des toits hauts et pointus couronnés d'une fine dentelle de plomb, conserve, en plein dix-neuvième siècle, des allures féodales. — Son vaste corps de logis et ses pavillons élégants, assis sur le plateau large d'une colline boisée, et entourés de futaies séculaires, dominent les sinuosités du vallon et les méandres capricieux d'une petite rivière aux eaux limpides et peu profondes courant sous un berceau de vieux saules et de bouleaux à l'écorce d'argent, et servant de clôture naturelle à un parc de cinquante hectares.

Des prairies semblables à un grand tapis de velours vert s'étendent de l'autre côté de la rivière jusqu'aux bois immenses qui couvrent une étendue de plusieurs lieues et font partie des domaines du château.

Cette propriété splendide appartenait depuis des siècles à la même famille, et de père en fils les comtes de Talmay avaient toujours été de grands chasseurs devant le Seigneur, comme Nemrod, de biblique mémoire.

Nous prions nos lecteurs de vouloir bien nous accompagner au château de Talmay par une soirée d'automne de l'année 1829.

Le soleil à son déclin, se trouvant caché par un nuage long et étroit, couleur de cuivre et frangé d'or, faisait resplendir l'horizon des nuances les plus vives et les plus variées. — Au-dessous, un espace assez large était d'un bleu de lapis-lazuli à reflets d'or. — Au-dessus un espace plus vaste, d'un bleu verdâtre et transparent. — Plus haut, de grands nuages teints d'une pourpre sanglante, et enfin dans les profondeurs du firmament, de petits flocons roses sur un fond d'une blancheur faiblement azurée.

Les cimes lointaines des vieux arbres de la forêt nageaient dans une brume violette.

Des profondeurs de la vallée s'élevaient par intervalles les aboiements confus et harmonieux d'une meute et les notes saccadées d'une fanfare, puis il se faisait de grands silences, et tout à coup les voix des chiens et les cadences des trompes retentissaient plus vagues et plus éloignées.

A deux étages du château, deux femmes, de condition bien différente, accoudées au rebord d'une fenêtre ouverte, contemplaient d'un œil distrait le magnifique coucher de soleil que nous venons de décrire, et prêtaient l'oreille à cette musique faible et voilée dont le charme inouï semblait les laisser cependant tout à fait indifférentes.

L'une de ces femmes était la maîtresse de la maison, la comtesse Marie de Talmay.

L'autre, simple soubrette parisienne, de l'école des Dorine et des Marton, répondait au nom quelque peu prétentieux de Flore.

Montons au premier étage et franchissons le seuil de la chambre à coucher de la comtesse. — Nous ne tarderons pas à venir retrouver la soubrette au rez-de-chaussée.

L'appartement de madame de Talmay, quoique meublé et décoré avec luxe, ne prêtait guère à la description. — La réaction de 1830 contre les modes et le style de l'Empire et de la Restauration n'avait point encore eu lieu, et les classiques et bâtardes réminiscences des formes grecques et romaines achevaient leur règne, mais pour être détrônées bientôt par les excentricités moyen âge du gothique le plus chevelu.

Une étoffe de soie bleue, garnie d'une *grecque* blanche, formait la tenture de la chambre qui nous occupe. — Les siéges étaient en acajou, recouverts d'une étoffe pareille à la tenture; — le lit disparaissait sous de doubles et immenses rideaux de soie azurée et de mousseline blanche. — Quelques tableaux d'une grande valeur, dus au pinceau des vieux maîtres de l'école italienne, relevaient seuls la monotonie insupportable de cet ensemble. — La pendule *Empire*, placée sur la cheminée, semblait ne pouvoir sonner que des heures d'ennui, et les candélabres à cinq branches, tout à la fois longs et lourds, qui l'escortaient, ne devaient sans doute éclairer que des soirées longues et tristes.

Ceci n'est un paradoxe qu'à moitié. — Certains ameublements inspirent d'invincibles tristesses, certains autres disposent à la joie; — les objets extérieurs agissent sur l'organisation et sur le moral beaucoup plus que ne le pensent les gens superficiels.

Le dix-huitième siècle fut le siècle de la

gaieté parce qu'il n'était entouré que de formes rondes et galantes, et de couleurs vives et joyeuses.

On riait d'un franc rire aux banquets de nos bons aïeux, parce que dans de chaudes salles à manger, tendues de tapisseries des Flandres à sujets divertissants, toutes sortes de faïences de Rouen et de Delft, admirablement réjouissantes, s'étalaient sur les tables de chêne à pieds tors, et les vins de Bourgogne et d'Espagne coulaient comme des rubis et comme des topazes en fusion dans des verres de Venise à calices de tulipes.

Aucun spleen ne saurait résister aux jeux de la lumière sur les fleurs d'or du cuir de Cordoue, aux reflets de pourpre et d'azur des potiches ventrues du Japon, aux agaceries souriantes de ces magots de la Chine si spirituellement moqueurs dans leur grimace éternelle.

Beaucoup de gens hausseront les épaules en lisant ce qui précède. — Qu'importe?... Il n'est pas en ce monde une seule grande vérité qui n'ait trouvé des incrédules et des contradicteurs.

Un guéridon d'acajou à dessus de marbre blanc, placé au milieu de la chambre, supportait un grand vase de Sèvres rempli de roses fraîchement coupées. — Tout à l'entour s'étalaient au hasard des livres, des brochures, des albums, des broderies, enfin mille petits ouvrages féminins commencés et interrompus.

Des cahiers de musique étaient ouverts sur le piano, d'autres épars sur le tapis.

Tout ce désordre semblait charmant, en ce qu'il révélait la présence incessante d'une femme, et fournissait sur cette femme certains indices qui ne devaient point être trompeurs.

La nuance de la tenture prouvait qu'elle était blonde ;

Les fleurs permettaient de supposer qu'elle était jeune ;

Le piano la disait musicienne, et les livres intelligente.

Nous allons voir à l'instant même si la réalité confirmait nos suppositions savamment raisonnées.

Madame de Talmay, appuyant sur un coussin de velours bleu ses bras ronds et blancs, nus presque jusqu'à l'épaule, selon la mode de 1829, ne laissait voir que la torsade épaisse de ses cheveux blonds enroulés derrière sa tête; la naissance de ses épaules éclatantes et polies comme du marbre de Carrare, et les contours déliés de sa taille svelte sans maigreur et que dessinait le corsage étroit de sa robe de soie gris-perle.

La comtesse avait vingt-trois ans. — Elle était grande et mince, charmante plutôt que belle, surtout gracieuse, et pourvue amplement de cet attrait indéfinissable qu'on appelle la distinction.

Son visage, d'une délicatesse infinie, faisait penser involontairement au velouté d'une rose pâle. — Ses yeux, d'un bleu sombre, offraient une expression rêveuse et presque mélancolique. — Ses lèvres, rouges comme du corail humide, tranchaient vivement sur la blancheur mate de sa peau. — Un agrafe d'émail et de diamants retenait autour de son cou un ruban de velours noir.

Madame de Talmay, nous l'avons dit, attachait ses regards sur la vallée avec une distraction manifeste. — Elle n'accordait aucune attention aux horizons magnifiques qui se déroulaient devant elle et aux splendeurs du soleil couchant, — elle s'absorbait toute entière dans sa pensée, et cette pensée n'était point joyeuse, du moins, s'il fallait s'en rapporter aux nuages de tristesse qui jetaient leur ombre sur le front de la jeune femme et à l'expression pleine d'amertume du demi-sourire qui parfois entr'ouvait ses lèvres.

Pourquoi cette tristesse ?

Madame de Talmay passait cependant pour une femme heureuse ; — elle avait tout ce qui se peut souhaiter en ce monde : la jeunesse, la beauté, la fortune, le luxe, un mari plein de déférence et de tendresse.

Mais Dieu seul lit au fond des cœurs, — Dieu et les romanciers. — Peut-être saurons-nous bientôt ce qui se passait dans celui de la comtesse.

— Quittons le premier étage et descendons au rez-de-chaussée, où nous allons trouver mademoiselle Flore, accoudée, le nez au vent, à l'une des fenêtres du vestibule.

Mademoiselle Flore était une de ces jolies et impertinentes soubrettes qui, lorsque leurs principes ne s'y opposent point, ne tardent guère à passer de l'antichambre de leur maîtresse dans un salon, ou plutôt dans un boudoir, qui leur appartient en propre.

Comme dans le fameux roman du chevalier Louvet de Couvray, il y avait en Flore l'étoffe d'une *madame de Mondésir*.

Figurez-vous une fringante et rose créature au minois chiffonné et provoquant, —

aux grands yeux noirs tentateurs et hypocrites, — à la chevelure opulente et lustrée sous un petit bonnet de dentelle, — à la taille mince à tenir entre les dix doigts, — aux hanches espagnoles, — à la main fine et au pied cambré et bien chaussé, — enfin, la vivante et sémillante incarnation de la beauté du diable. — Vous voyez cela d'ici.

Mademoiselle Flore, elle aussi, avait l'air rêveur.

Comme la *Mignon* de Gœthe et d'Ary Scheffer, elle regrettait sa patrie, — mais d'une façon infiniment moins poétique et romanesque que l'héroïne des deux hommes de génie que nous venons de nommer.

La soubrette regrettait Paris qui l'avait vue

naître dans la loge d'un concierge de la rue du Bac, son père légitime; — elle s'ennuyait mortellement au fond de la Bourgogne où elle avait été amenée, trois mois auparavant, par la tante de la comtesse de Talmay, madame la baronne Sylvanire de la Margelle, avec laquelle nous ne tarderons point à lier connaissance.

La baronne Sylvanire avait cru faire un inappréciable cadeau à sa nièce en lui donnant mademoiselle Flore.

En cela elle s'était trompée.

Fidèle aux traditions de son emploi, la soubrette trouvait absolument inhabitable une maison dont la maîtresse n'avait pas la plus petite intrigue à suivre et le moindre mystère à cacher.

En outre, les valets de chambre de province déplaisaient essentiellement à mademoiselle Flore.

Elle leur reprochait de manquer de style et d'allure.

L'intérêt et le plaisir lui faisaient donc à la fois défaut.

— Très certainement, — se disait-elle, — je ne resterai pas ici. — Quand la baronne partira, je lui dirai que, toute réflexion faite, je ne puis me décider à me séparer d'elle. — *La vieille folle* sera touchée de mon dévouement, — elle augmentera mes gages et nous retournerons ensemble à Paris! — Vive Paris !...

Puis, la soubrette ajoutait sans transition :

— Ah ! la baronne ! à la bonne heure, parlez-moi de ça !... — voilà une femme comme je les comprends !... — elle ferait joliment mon affaire si elle avait seulement une vingtaine d'années de moins... — O feu baron de la Margelle, comme tu as dû en voir de toutes les couleurs de ton vivant, cher ami !... Je donne une larme à ta cendre, et je te plains du plus profond de mon cœur, mon bonhomme !

Mademoiselle Flore en était là de son monologue railleur, et deux mignonnes fossettes se creusaient dans ses joues au souvenir des mésaventures conjugales du défunt mari de Sylvanire, quand un bruit soudain lui fit dresser l'oreille.

Ce bruit venait du parc.

Le galop impétueux d'un cheval retentissait dans les allées sablées.

Flore se pencha sur l'appui de la fenêtre, et à travers une éclaircie du feuillage elle ne tarda point à voir passer un cavalier lancé à toute bride et qui venait dans la direction du château.

— Tiens! — se dit la soubrette, — il paraît qu'un de ces messieurs a quitté la chasse... — Mais par où diable est-il entré dans le parc ? — Il n'y a pas de grille de ce côté. — Ce cavalier a donc traversé la rivière ou franchi le saut du loup !... Voilà qui me paraît bizarre !

Il n'en fallait pas tant pour faire travailler l'imagination de mademoiselle Flore.

La moindre apparence de mystère suffisait pour lui permettre de donner carrière à des conjectures de toutes sortes.

Dans ce moment elle ne s'ennuyait plus...

Elle prêta l'oreille avec un redoublement d'attention ; mais le bruit du galop impétueux avait cessé de se faire entendre.

Eh bien ! — se demanda la soubrette,

— qu'est devenu cet écuyer qui courait si vite tout à l'heure ?

La réponse à cette question ne se fit pas attendre.

Nous savons déjà que depuis le château, situé dans une position élevée, on dominait le versant boisé de la colline.

Les yeux perçants de mademoiselle Flore distinguèrent un mouvement léger dans le feuillage, et ils surprirent, ou plutôt ils devinèrent la présence d'un homme qui mettait pied à terre au milieu d'un massif et qui attachait sa monture par la bride à un tronc d'arbre.

— Allons! allons! — murmura la soubrette en frappant joyeusement ses deux petites mains l'une dans l'autre, — voilà qui se complique! — Pourquoi ce personnage inconnu cache-t-il ainsi son cheval dans un fourré, au lieu de l'amener tout simplement à l'écurie?... S'il était minuit, je ne me sentirais point tranquille; mais il fait grand jour, et ce quidam ne peut être un brigand. — D'ailleurs, le temps est passé où les brigands faisaient leurs expéditions à cheval!... Non... non... ce n'est pas un voleur? mais qu'est-ce donc?...

Mademoiselle Flore allait le savoir.

Le mystérieux visiteur se glissa le long des allées les plus ombreuses, à la façon d'un mohican qui veut surprendre son ennemi. — Évidemment il s'efforçait de ne point attirer l'attention et d'éviter la rencontre de ceux des hôtes du château qui peut-être se promenaient dans le parc.

Enfin, après une marche lente et prudente, il atteignit la lisière de la partie boisée et ne se trouva plus séparé du château que par une vaste pelouse dont une allée circulaire dessinait le contour.

Il ne pouvait désormais faire un pas de plus en avant sans se trouver complètement à découvert.

Il s'arrêta, en se dissimulant de son mieux derrière le tronc d'un gigantesque noyer d'Amérique ; mais la soubrette avait eu la temps d'entrevoir son visage. Elle fit un geste de surprise et elle se dit :

— M. Georges de Commarin !... — Que signifie cela ? — Que vient-il chercher ici, et pourquoi donc a-t-il quitté la chasse ?...

Depuis le poste d'observation où il venait de s'installer, Georges de Commarin, puisque tel était le nom du nouveau venu, promena ses regards sur toute la façade du château. — Il tressaillit en apercevant madame de Talmay, et ses yeux parurent ne plus pouvoir se détacher de la fenêtre où elle s'accoudait.

— Que regarde-t-il donc ainsi ? — se demanda Flore.

Cependant, au bout de quelques minutes,

le jeune homme — c'était un jeune homme — continua son examen. — Son regard, longuement fixé sur le premier étage, redescendit vers le rez-de-chaussée et s'arrêta avec une expression joyeuse sur le joli minois de la soubrette.

— Ah çà! mais, — pensa cette dernière, — on dirait qu'il me sourit... — Je ne me trompe pas, il me fait des signes... — Est-ce que, par hasard, il serait revenu pour moi?

Mademoiselle Flore, très satisfaite de sa petite personne, prit sa taille mince entre ses dix doigts, en ajoutant :

— On en vaut, ma foi, la peine !

Georges de Commarin agitait son bras

droit dans la direction de la camériste, à la façon de ces pauvres télégraphes si complètement détrônés par l'électricité.

Mademoiselle Flore fit un geste qui voulait dire clairement :

— Est-ce à moi que vous en voulez, monsieur?...

La tête et la main du jeune homme se remuèrent trois fois de haut en bas, répondant ainsi :

— Oui... oui... oui...

— C'est un joli garçon, — murmura la soubrette; — on peut se risquer...

Et sa pantomine répliqua :

— J'y vais...

En même temps elle quitta la fenêtre, elle sortit du vestibule, et, traversant la pelouse d'un air parfaitement dégagé, elle cueillit chemin faisant quelques fleurettes sur le gazon et atteignit la lisière du parc.

Avant de s'engager dans l'allée sombre ouverte devant elle, elle se retourna et jeta un coup d'œil sur la façade du château, espérant y découvrir l'objet qui, peu de minutes auparavant, avait captivé l'attention de Georges.

Mais elle ne vit rien.

Madame de Talmay venait de quitter la fenêtre.

II

Les souvenirs de la baronne.

La soubrette fit quelques pas sous la voûte de verdure formée par les grands arbres qui mariaient leurs rameaux au-dessus de l'allée.

M. de Commarin la rejoignit presque aussitôt.

Georges était un grand jeune homme de vingt-cinq à vingt-six ans, très pâle sous ses cheveux sombres et soyeux, avec des yeux noirs expressifs et étincelants, quoique fatigués par les nuits passées autour du tapis vert d'une table de jeu, par les soupers et par les boudoirs.

Son costume de chasse mettait en valeur l'élégante souplesse de sa taille et la désinvolture cavalière de sa démarche.

Il portait une casaque de velours noir à boutons d'argent, serrée aux hanches par le ceinturon d'un couteau de chasse dont la poignée ciselée était véritablement une œuvre d'art.

De longues bottes à l'écuyère venaient rejoindre sa culotte de tricot blanc, dessinant une cuisse fine et nerveuse comme celle du Méléagre antique.

La visière de sa casquette de velours projetait son ombre sur son front et sur ses yeux. — Sa main gauche tenait une cravache.

La soubrette s'arrêta, et, les yeux baissés d'une façon qui s'efforçait d'avoir l'air modeste et virginal, elle attendit, sachant bien que le jeune homme n'avait point la réputation d'être timide.

— Mademoiselle Fiore... — dit-il avec une hésitation qui surprit la jeune fille.

— Monsieur Georges?

— Merci, d'abord, d'avoir compris que j'avais à vous parler...

— Il m'aurait été difficile de ne pas le comprendre, vous avez la pantomime très expressive.

— Savez-vous bien que vous êtes charmante ?

— Je n'en doutais guère, et, puisque vous me l'affirmez, je n'en doute plus, car on prétend que vous êtes connaisseur.

— Sous une aussi gracieuse enveloppe il est impossible que vous n'ayez pas un petit cœur compatisssant... — reprit Georges.

— Croyez-vous cela ?

— J'en suis sûr.

— Eh bien, au fait, je ne dis pas non !

— J'attends de vous un service, mademoiselle Flore...

— Un service ?

— Immense.

— Lequel ?...

Georges tira de la poche de côté de son habit de chasse une très petite lettre cachetée, mais sans adresse.

— Ce billet... — dit-il.

— Eh bien ?

— Chargez-vous de le remettre...

— A qui ?...

— A votre maîtresse.

Flore tressaillit de joie.

Tous ses vœux étaient comblés : — madame de Talmay avait une intrigue !... — le règne des mystères et des trahisons allait s'inaugurer au château !... — Quelle aubaine pour une camériste de la bonne école !

Cependant elle eut l'air de faire résistance.

Elle repoussa doucement la lettre, en balbutiant avec un embarras et une pruderie parfaitement joués :

— Non... non, monsieur Georges, ne me demandez pas cela...

— Refusez-vous donc de vous charger de cette lettre ?

— Oui, certes, je refuse !...

— Et pourquoi ?

— Parce qu'il le faut !...

— Mais pourquoi le faut-il ?...

— Je ne puis... — je ne dois... D'ailleurs, madame ne me le pardonnerait jamais...

— Non-seulement votre maîtresse vous le pardonnera, mais encore elle vous en saura bon gré.

— Ah !... — murmura curieusement la soubrette, — c'est donc convenu avec elle ?

— Non, sans doute; mais il est indispensable, dans son propre intérêt, qu'elle connaisse le contenu de ce billet.

— Vous m'affirmez qu'il y va de l'intérêt de madame?

— Je vous l'affirme.

— J'ai toute confiance en vous, monsieur Georges, et cependant j'hésite encore.

— N'hésitez plus, mon enfant. Chargez-vous de la mission que je vous supplie d'accepter.

— Allons, je cède... je suis si faible !

— Dites: si bonne...

Flore fit glisser le billet de Georges dans le joli sanctuaire de sa gorgerette.

Le jeune homme poursuivit :

— Ce n'est pas tout... — Acceptez ceci pour l'amour de moi, mademoiselle... je vous le demande en grâce.

Et il tendit à la soubrette une petite bourse rondelette.

— Qu'est-ce que cela ? — demanda Flore qui le savait bien.

— C'est pour le port... — dix louis.

Et Georges ajouta tout bas, en se parlant à lui-même :

— Les derniers !

Cette fois, mademoiselle Flore, en camériste bien élevée, ne fit aucune façon.

Elle prit délicatement la bourse, qui disparut dans la poche de son tablier de soie.

— Mon enfant, — continua Georges, — n'oubliez pas qu'il faut que ma lettre soit remise aujourd'hui même avant la nuit.... — Il y va des plus graves intérêts, je vous le répète.

— Soyez tranquille, monsieur Georges, et comptez sur mon exactitude.

— Vous êtes aussi bonne que jolie.

La soubrette fit une révérence.

Georges la prit par la taille et l'embrassa

sur le cou, à la naissance des cheveux, si vivement qu'il lui aurait été tout à fait impossible de faire résistance, en supposant, chose peu probable, que la pensée de cette résistance lui fût venue.

Puis, sans ajouter un mot, il regagna le massif dans lequel il avait attaché son cheval, et mademoiselle Flore l'entendit s'éloigner au galop.

Elle reprit aussitôt le chemin du château... elle remonta dans sa chambre, et, tirant de son sein la lettre du jeune homme, elle se mit à l'examiner dans tous les sens avec une indicible et fiévreuse curiosité.

Flore aurait donné de grand cœur une bonne partie des pièces d'or qu'elle avait reçues pour savoir ce que contenait la lettre ; mais il ne fallait point songer à rompre le cachet armorié qui fermait le pli, et l'indiscrétion de la soubrette devait se contenter de recourir à des moyens plus simples ou plus habiles.

Connaissez-vous un charmant dessein de Vidal ?

Une cameriste à la main friponne élève un billet à la hauteur de son œil et ne néglige rien pour saisir une partie du secret galant que récèle dans ses flancs la frêle enveloppe aristocratique et parfumée.

Pendant quelques minutes, l'attitude de mademoiselle Flore offrit l'exacte reproduction de ce dessin.

Enfin les louables efforts de la soubrette furent en partie récompensés.

Elle parvint à déchiffrer quelques mots qui, sans doute, lui parurent suffisamment significatifs, car elle s'écria :

— Un rendez-vous pour cette nuit !... — Vertu de ma vie !... comme dit madame la baronne, voilà qui valait plus de dix louis !... — Par bonheur, je suis une fille adroite, et les piécettes jaunes tombées dans ma poche tout à l'heure ne sont que les premières gouttes de la pluie d'or que je saurai changer en averse !...

En ce moment retentit le timbre argentin de l'une des deux sonnettes placées dans la chambre de la camériste.

— C'est madame la baronne qui m'attend, — se dit-elle ; — j'y cours.

La lettre de Georges reprit sa place dans le corsage de mademoiselle Flore, qui se dirigea d'un pas leste vers l'appartement de sa première maîtresse, aux ordres de laquelle elle était restée pour tout le temps du séjour de cette dernière au château.

La baronne Sylvanire de la Margelle, veuve depuis longtemps, consolée d'un général de division dont la félicité conjugale n'avait pas été sans nuages, offrait aux observateurs un type amusant et curieux.

Esquissons en quelques traits la physionomie de cette héroïne d'un trop grand nombre de tendres romans.

Au moment de l'arrivée de mademoiselle Flore, la baronne, vêtue d'un peignoir de mousseline blanche, orné de nœuds d'un rose tendre, était étendue dans une *bergère* et tenait sur l'un des doigts de sa main gauche une jolie petite perruche verte, tout en jouant de la main droite avec un éventail illustré de scènes mythologiques et galantes.

Le mystère historique épaissi à dessein autour de l'*homme au masque de fer*, de mélodramatique mémoire, n'était rien à côté de celui dont il plaisait à la baronne d'envelopper son acte de naissance.

Personne au monde ne connaissait l'âge exact de madame de la Margelle; elle-même sans doute l'avait oublié, et se plaisait à conserver à son endroit de douces illusions.

Parfois, entraînée à son insu par de juvéniles réminiscences, Sylvanire remontait le fleuve de ses souvenirs, et faisait dans un passé lointain des excursions compromettantes.

Mais sa présence d'esprit, un instant en défaut, lui montrait bien vite le danger des dates, et elle se tirait d'affaire en ajoutant vivement :

— Ceci se passait bien longtemps avant ma naissance.

Ou bien :

— Je n'étais qu'une enfant alors.

En réalité, madame de la Margelle pouvait

avoir doublé depuis quelques années le cap néfaste de la cinquantaine; mais, franchement, vue à distance et dans une demi-obscurité favorable, elle ne semblait point âgée de beaucoup plus de quarante-quatre ou de quarante-cinq ans.

Sa taille, restée fine et élancée, quoique un peu roidie, prêtait encore à l'illusion.

La baronne, grande et mince, pour ne pas dire maigre, et toujours habillée avec une élégance irréprochable,— conservait la tournure dégagée d'une femme jeune encore. — Sans trop de présomption, elle pouvait nourrir l'espoir bien doux de tourner, *au bal masqué*, quelques têtes facilement inflammables.

Le visage de Sylvanire produisait l'effet, au premier coup d'œil, d'un pastel bien réussi. — La baronne consacrait chaque matin plus de deux heures à *faire sa tête*, comme on dit en argot de coulisses. — Au moment de cette importante et solennelle opération, le marbre de sa toilette offrait l'aspect bizarre et presque imposant du laboratoire d'un alchimiste. — C'était un étrange encombrement de petites fioles et de petits pots, et d'une foule d'instruments invraisemblables, dont l'usage ne se devinait point tout d'abord et permettait les suppositions et les commentaires.

A quoi nous servirait d'écrire le procès-verbal des teintures et des essences destinées à rendre aux cheveux jadis noirs, la couleur, puis le brillant, puis la souplesse qu'ils avaient perdus? — A quoi bon énumérer les blancs et les rouges, solides et liquides, de toutes les espèces et de toutes les provenances, — les sachets de poudre de riz, — les houppes, — les pattes de lièvre, — les outils à dessiner les veines, et ceux dont le but était de régulariser et de colorer les sourcils?

Sylvanire, une fois sous les armes, c'est-à-dire agréablement peinte et teinte, comparait assez volontiers l'aspect mat et farineux de son plâtrage au délicat velouté d'une pêche mûre.

Notre volonté étant de tout dire, le bien comme le mal, nous devons ajouter que la bonne dame avait conservé des dents superbes et des yeux émerillonnés dont l'expression *retardait* de quinze ou vingt ans.

Madame de la Margelle aimait passionnément à se décolleter. — Avec ou sans prétextes, elle étalait ses bras jadis charmants, — hélas ! tout passe !... — les angles nettement accusés de ses épaules, les salières profondes et le néant absolu de sa poitrine.

La manie des bijoux, dont Sylvanire était possédée, servait de correctif à ces exhibitions quotidiennes et déplorables.

Les bracelets étagés montaient jusqu'au coude. — Les colliers voilaient à demi les aspérités et les cavernes que Sylvanire croyait irrésistiblement séduisantes.

Chacun de ces bijoux parlait à la mémoire de la sensible veuve, et ce n'est pas toujours vers feu le général baron de la Margelle que remontaient ces souvenirs. — Nous avons même de fortes raisons pour supposer que l'écrin conjugal était de tous ces écrins celui qu'elle appréciait le moins.

Malgré ses ridicules innombrables, malgré l'esprit et le jugement les plus faux et les plus dangereusement dévoyés qu'il soit possible d'imaginer, la baronne était au fond une personne excellente, et point sotte en tout ce qui ne touchait en rien à ses prétentions ou à ses adorations rétrospectives.

Son immoralité, ou plutôt son absence de moralité, semblait moins odieuse, parce qu'elle était naïve. — Sylvanire aurait donné de la meilleure foi du monde, à sa nièce ou à toute autre jeune femme, les plus exécrables conseils, sans se douter de la profondeur de l'abîme innocemment creusé par elle, et sans soupçonner la terrible et effrayante responsabilité qu'elle devait assumer sur sa tête en agissant ainsi.

Nous prions nos lecteurs de ne point crier à l'exagération en face de ce caractère. — Nous ne le *copions* pas, nous le *photographions* sur nature.

Mademoiselle Flore entra dans la chambre à coucher où se trouvait la baronne.

La perruche, dans un accès de joie sans cause ou de méchanceté sans motif, — l'allégresse et la malignité des perruches se ressemblent beaucoup et se manifestent souvent de la même façon, — se mit à battre des ailes en poussant des cris aigus.

Sylvanire lâcha tout aussitôt son éventail et soupira d'une voix caressante, en grattant affectueusement le volatile sur le sommet de la tête avec l'ongle du doigt annulaire de la main droite :

— Cocotte... Cocotte... qu'est-ce que nous avons donc, cher amour ?... Allons, baisons cette maîtresse, cette bonne maîtresse... baisons-la tout de suite, baisons-la bien vite, mon ange...

La perruche se calma et approcha son bec

crochu et tranchant des lèvres vermeilles de *bonne maîtresse*.

Exaltée par cette preuve d'obéissance et de tendresse, madame de la Margelle dévora l'oiseau de baisers, ce qui parut ne causer à Cocotte qu'une satisfaction incomplète.

— Madame la baronne a sonné ?... — demanda Flore.

— Oui, ma petite.

— Me voici aux ordres de madame la baronne.

— Mets *la chérie* sur son perchoir et songeons à ma toilette... — Je crois qu'il est temps... Ces messieurs ne tarderont pas à rentrer.

Mademoiselle Flore prit délicatement la perruche, qui recommençait ses cris et ses battements d'aile insensés, et la posa sur le bâton le plus élevé d'un élégant perchoir de citronnier à godets d'argent.

Madame de la Margelle se leva d'un air plein de langueur et commença à détacher les rubans de son peignoir.

— Quelle robe mettra madame la baronne?... — fit la soubrette.

— Je ne sais, ma petite... non, en vérité, je ne sais... — J'hésite entre ma robe de crêpe jaune-paille et ma robe de taffetas rose... — En ma qualité de brune la jaune-paille me sied à ravir, mais la rose offre, je crois, quelque chose de plus jeune et de plus gai... — Tu ne manques pas de goût, ma chère Flore, je te demande un conseil...

— Madame la baronne me comble ; mais de quelle façon répondre à sa confiance ?... Madame la baronne est de ces femmes à qui tout va bien... — Impossible de faire un choix raisonné.

— C'est vrai, ma fille, tu as raison... En te donnant à ma nièce, je lui ai donné un trésor... Tu as de l'esprit comme un ange, tu vois juste et tu parles bien... — Mais comment faire pour me décider ?...

— Si madame la baronne me le permet, je lui soumettrai une idée qui peut-être n'est pas mauvaise.

— Je permets... — voyons ton idée...

— Lorsque le raisonnement est inutile, il faut s'en rapporter au hasard. — Que madame la baronne tire à la belle lettre...

— Charmant!... charmant! — s'écria la baronne, — j'adopte avec enthousiasme!...
— Prends un volume sur ce guéridon.

— Je tiens le volume...

— Tu représenteras la *jaune* et je serai l'incarnation du *rose*. Celle des deux nuances dont la lettre sera la plus rapprochée de la lettre A, aura l'avantage pour ce soir. — Voyons, interroge l'oracle.

La soubrette prit une épingle et avec cette épingle ouvrit le volume.

— Quel est le mot ? — demanda la baronne.

— *Vieillesse....* — dit Flore en faisant la moue.

— Fi, l'horreur ! — répliqua madame de la Margelle... — ah ! le vilain mot !... — A mon tour...

Le livre refermé s'ouvrit de nouveau.

— *Amour !* — murmura d'un ton langoureux Sylvanire. — A la bonne heure ! — l'oracle ne pouvait plus spirituellement répondre !... Petite, je te fais cadeau de la robe jaune... pour un empire je ne la porterais pas désormais.

— Je remercie madame la baronne...

— Amour!... amour!... amour!... — modula Sylvanire sentimentalement et sur trois tons différents. — Oh! Cupidon, fils de Vénus, c'est ta voix que je viens d'entendre ! Le rose est ta couleur favorite !... vive le rose !... Dis-moi petite, ai-je le teint clair aujourd'hui ?...

Mademoiselle Flore regarda sans rire la couche épaisse de pastels multicolores qui plâtraient le visage de la baronne et répondit avec un sérieux parfait :

— La fraîcheur et le velouté de madame sont incomparables.

— Crois-tu que je paraisse aussi jeune que ma nièce ?...

— Je serais au désespoir d'offenser madame, — répondit Flore avec une hypocrisie miraculeusement impudente, — mais la vérité avant tout... Madame la baronne me semble avoir trois ou quatre ans de plus que madame la comtesse... — Que madame la baronne me pardonne...

— Non-seulement je te pardonne, mais j'aime ta franchise... — Je ne saurais supporter les compliments et les fadeurs... — Au moins, toi, quand tu parles, on sait que tu dis ce que tu penses... — Ah! petite Flore, je sens que j'aurais de la peine à te remplacer!

— Je supplie madame la baronne de me conserver... — je serais si heureuse de ne la quitter jamais!...

— Oui!... oui!... je connais ton dévouement... — mais c'est impossible... — Je t'ai donnée à ma nièce, je ne puis te reprendre.

La camériste poussa un soupir.

— Voyons... voyons... — reprit la baronne, — occupons-nous de choses sérieuses. — Du moment que je suis en rose, dois-je me coiffer avec du corail, des perles ou des fleurs ?

— Les fleurs vont admirablement à madame.

— Sans doute... — les perles aussi... — Je trouve même que les perles donnent à ma physionomie quelque chose d'oriental... — Ah! petite Flore, que de souvenirs ce mot me rappelle !...

— Est-ce que madame la baronne est allée en Orient?...

— Jamais... non, jamais hélas ! mais j'ai connu un Turc.

— Un beau Turc, madame ?...

— Ah ! je le crois bien, qu'il était beau ! — C'était un attaché d'ambassade... il s'appelait Méhémet-Aly, le noble jeune homme ! — Que dis-je, jeune homme, je devrais plutôt m'écrier : jeune dieu !...

— Je me suis laissé dire, madame, que ces Turcs avaient une quantité de femmes légitimes.

— Ce n'est que trop vrai, ma fille !... mais il faut les plaindre et non les blâmer... les mœurs de leur pays et la vivacité de leur sang ne leur permettent point d'apprécier les douceurs d'un amour unique et constant.

— Pauvres gens! — murmura la soubrette avec componction.

— Combien de fois, — poursuivit madame de la Margelle vivement, — combien de fois Méhémet m'a promis de faire trancher la tête à ses favorites le jour même de son retour à Constantinople...

— Trancher la tête ! — répéta Flore.

— Mon Dieu, oui... — il comprenait si bien le dévouement, ce cher ami!

— Et cette promesse, madame, l'a-t-il tenue?...

— Je n'ai nulle raison pour en douter. — Sa sincérité, comme la tienne, n'avait pas de bornes !... — Et quelle admirable barbe brune !... Ses dents étaient blanches comme des perles ! — Ses yeux noirs étincelaient plus que des étoiles !... — Son costume d'apparat donnait une idée exacte des plus fabuleuses magnificences des *Mille et une Nuits !* — il me semble le voir encore avec son turban de cachemire, ses larges pantalons de satin, sa veste écarlate ornée dans le dos d'un grand soleil d'or, et son cimeterre enrichi de diamants !...

— Ah ! madame la baronne, — fit complaisamment la soubrette, — ce seigneur devait éblouir...

— Il éblouissait, c'est le mot !... — Petite Flore, donne-moi ma parure de sequins... — elle me vient de lui... — Je veux la porter aujourd'hui en souvenir de Méhémet !

Au bout d'un instant, les sequins, enchaînés les uns aux autres par des fils d'or, s'enroulaient autour des cheveux fort habilement teints de Sylvanire.

Tout en procédant à cette œuvre, la douairière avait modulé une demi-douzaine de soupirs qui en disaient bien long.

La baronne ayant soupiré suffisamment, quitta son peignoir et revêtit la robe rose dont le corsage, audacieusement échancré, dévoilait outre mesure l'affligeante ostéologie de ses épaules et de sa poitrine.

Elle se regarda dans la haute glace de sa *psyché* avec une satisfaction manifeste, et sourit à son image, en se disant *in petto :*

— Certes, à dix-huit ans je n'étais pas plus charmante !

— J'ai vu de bien jolies femmes dans ma vie, — murmura Flore de manière à être entendue, — et cependant je n'ai jamais rencontré de taille qui pût soutenir la comparaison avec celle de madame la baronne....

— Je te crois, je te crois, petite, — répondit Sylvanire.

Puis elle ajouta :

— Voilà ma toilette à peu près achevée, — donne-moi des bijoux...

— Lesquels, madame la baronne ?

— D'abord le bracelet du colonel.

Flore sourit involontairement et ne bougea point.

— Est-ce que tu ne m'as pas entendue ?

— Pardonnez-moi, madame la baronne.
— Eh bien ?

— Madame la baronne oublie qu'il existe dans son écrin trois bracelets, de trois colonels... — septième dragons. — Royal-Allemand, — hussards de Berchiny...

— C'est vrai... — répondit la douairière avec un nouveau soupir, — tu as raison, ma fille... — Je n'oubliais pas, mais j'étais distraite... — Que veux-tu! je songeais à Méhémet-Aly!...

— Lequel des colonels... je veux dire des bracelets... dois-je apporter à madame la baronne?

Après un instant d'hésitation, Sylvanire répliqua :

— Apporte-les-moi tous les trois...

C'était de l'éclectisme en fait de souvenirs !...

A ce trio de bijoux militaires la baronne

ajouta quelques orfévreries dont les médaillons renfermaient des cheveux de plus d'une couleur et portaient, gravées ou émaillées sur leurs cassolettes ou sur leurs chaînons, toutes sortes de devises amoureuses dans une demi-douzaine de langues.

On y pouvait lire :

Amor nel cor !...

Remember !...

Wergiss-mein-nicht !...

Et une foule d'autres choses encore, toutes du dernier galant !...

Bref, les écrins de Sylvanire de la Margelle offraient un congrès européen des grandes et des petites puissances.

Honni soit qui mal y pense ! ces bibelots du temps passé représentaient sans doute des tendresses platoniques.

La baronne attacha à son corsage un fort beau camée antique qui venait de Canova.
— Elle ajouta aux bagues innombrables dont ses doigts étaient constellés un saphir offert jadis par Chérubini, et le grand œuvre de son embellissement se trouva parachevé.

A ce moment précis, les trompes de chasse sonnèrent une fanfare éclatante à une assez faible distance du château.

Sylvanire tressaillit.

— Voici ces messieurs qui reviennent !! — s'écria-t-elle. — Suis-je bien ainsi petite Flore ?...

— Si madame la baronne le veut, elle fera tourner toutes les têtes et battre tous les cœurs...

Sylvanire répondit en minaudant :

— Peut-être... si je le voulais... Mais je ne le veux pas, non, certainement, je ne le veux pas...

Puis, sans transition, elle ajouta :

— Petite, donne-moi l'éventail sur lequel l'illustre David a peint tout exprès pour moi *la naissance de Vénus*, et *le jugement de Pâris*... et, certes, le grand artiste me devait bien cela... — j'avais daigné poser une Sabine pour son fameux tableau...

— Dans quel costume, madame la baronne?...

— Dans un costume... dans un costume qui m'allait fort bien... — Petite Flore, votre question est indiscrète.

— Je supplie madame la baronne de me pardonner...

— Je n'y pense plus.... — Dis-moi, ma fille, sais-tu quels sont ceux de ces messieurs qui doivent souper ici?...

— Mais, madame la baronne, tous ceux, je crois, qui sont à la chasse... — M. le marquis de Vezay, M. le comte de Sauteuil, le procureur du roi, le receveur général, le docteur Herbelin, le comte et le vicomte de Cussy et M. Georges de Commarin...

— Georges de Commarin, — répéta la baronne avec un regard langoureux. — Comment le trouves-tu?

— Je n'ose exprimer mon sentiment.

— Exprime, petite. — Je te le permets, — dis ta pensée.

— Eh bien! de tous ces messieurs, c'est celui que je préfère.

— Tu n'as pas mauvais goût! — Georges est d'une pâleur si distinguée... il a de grands yeux noirs si brillants et si doux qui vous vont à l'âme!... une tournure exquise, et des moustaches, ah! quelles moustaches! Et puis, c'est le héros de cent belles folies!

— Vraiment, madame?

— Sans doute... — Ne le savais-tu pas?

— Mon Dieu non.... — Qu'a-t-il donc fait?

— D'abord, il s'est ruiné, ma petite.

— Il me semble que c'est un tort.

— En aucune façon, car sa fortune s'est envolée en toutes sortes de magnificences du meilleur goût... chevaux splendides, livrées princières, table ouverte, et le reste. — Ses succès en amour ne sauraient se compter, non plus que ses duels.... — Il a mis à mal un nombre véritablement infini de femmes mariées du meilleur monde...

— Et les maris, que disaient-ils?

— Ils se fâchaient.... — Georges leur donnait un coup d'épée, et ils ne disaient plus rien... — C'était don Juan, c'était Richelieu, c'était Casanova, Lovelace et Faublas... — Enfin, je le trouve charmant, oui, charmant, et je n'en fais point mystère.

Mademoiselle Flore se mit à rire.

— D'où vient ta gaieté, petite? — demanda la douairière, — pourquoi ris-tu?

— Parce que je crois que madame la comtesse est tout à fait de l'avis de madame la baronne.

— Ma nièce?

— Mon Dieu oui.

— Elle aurait remarqué Georges?

— Je l'affirmerais presque.

— Et qui te fait supposer cela?

— Depuis que M. de Commarin vient presque chaque jour au château, madame la comtesse est rêveuse, — je la trouve pâlie et préoccupée, et je suis bien sûre que ses yeux, quand par hasard ils rencontrent ceux de M. Georges, prennent une expression que je ne leur connaissais pas encore...

— Et voilà tout?

— Voilà tout.

— Tu te seras trompée, petite... — Ma nièce n'est mariée que depuis quatre ans... un mariage que j'ai fait moi-même ! — Elle n'a pas encore eu le temps de se lasser de son mari, qu'elle adore.... — il est impossible qu'elle se préoccupe si vite d'un autre homme... — D'ailleurs elle a des principes... — d'excellents principes... — je répondrais d'elle comme de moi.... — Elle est vertueuse, — je le fus aussi...

— Il y a longtemps de cela ! — murmura mademoiselle Flore en aparté, — toutes les femmes commencent par là ; seulement, ça dure plus ou moins.

— Enfin, — poursuivit Sylvanire, — je suis bien aise d'être prévenue.... — Je vais observer, surveiller, me rendre compte de ce qui se passe. — J'ai beaucoup d'expérience, beaucoup plus qu'on n'en a d'habitude à mon âge. — Rien ne saurait donc m'échapper, et si je m'aperçois que le joli petit cœur de ma nièce s'envole du côté de Georges de Commarin, je donnerai de bons conseils à cette chère enfant. — Je l'engagerai à revenir à son mari qui est un aimable cavalier, ou du moins à bien prendre ses précautions, de manière à ne troubler que le moins possible le repos de son ménage. — Enfin, je ferai mon devoir.

— Comme toujours, madame la baronne, — répliqua mademoiselle Flore.

— Oui, comme toujours, tu as raison,

le devoir avant tout! — Voilà ma devise, elle n'a jamais varié; aussi Dieu sait que ma conscience est tranquille et que feu le baron de la Margelle fut un homme heureux. — Ah! petite Flore, quel excellent mari que feu le baron, un cœur d'or! — il était entouré de vrais amis, et ce qui était à lui était à eux également. — Je l'ai bien regretté, vois-tu, et je crois que je le regrette encore.

Sylvanire fit le geste d'essuyer sur sa joue une larme qui ne songeait point à couler.

Elle défripa en un tour de main les plis de sa jupe de soie rose.

Elle ouvrit et ferma à deux ou trois reprises le bel éventail peint par David.

Et enfin, après avoir jeté à la glace de la psyché un dernier regard accompagné d'un dernier sourire, elle sortit de sa chambre d'une façon tout à la fois gracieuse et majestueuse.

III

Henri de Talmay.

Ainsi que nous le lui avons entendu dire à elle-même, la baronne de la Margelle avait été la cheville ouvrière du mariage de son neveu, le comte Henri de Talmay, avec mademoiselle Marie de Longecourt.

Aucune circonstance romanesque n'avait d'ailleurs présidé à cette union, malgré le caractère ultra-romanesque de Sylvanire.

La baronne était liée intimement avec le vieux marquis d'Espoisses, oncle et tuteur de Marie de Longecourt, orpheline. — Le nom du marquis tenait une place honorable dans la longue nomenclature des *souvenirs* que nous connaissons.

L'enfance et la première jeunesse de Marie se passèrent au Sacré-Cœur.

Quand elle eut atteint sa dix-huitième année, son tuteur la retira du couvent, la mit à la tête de sa maison et la conduisit dans le monde.

Madame de la Margelle la trouva charmante et se prit d'une vive amitié pour elle.

Marie de Longecourt possédait une fortune de cinquante mille livres de rente.

Laide et riche, elle n'eût certes point manqué de prétendants. — Riche et charmante, elle se vit entourée de soupirants aussi nombreux que les grains de sable au bord de la mer.

Son tuteur, le plus facile et le meilleur des hommes, la laissait parfaitement libre de faire un choix, pourvu que ce choix fût convenable sous le double rapport de la naissance et de la fortune.

Marie, fatiguée d'hommages, étourdie par

la continuelle vapeur de l'encens qu'on brûlait sur ses autels, ne se décidait point et n'avait qu'une ambition, celle de congédier tous ses adorateurs.

Le marquis, convaincu que rien ne pressait, et sachant à merveille que les quemandeurs matrimoniaux ne manqueraient jamais, se prêtait volontiers aux désirs de la jeune fille et répondait uniformément la phrase consacrée :

— Votre demande nous honore, mais ma nièce est si jeune... elle se regarde véritablement comme un enfant, et ne songe pas au mariage.

Sur ces entrefaites Sylvanire de la Margelle dit à M. d'Espoisses :

— Mon cher marquis, vous ne pensez donc point à marier votre charmante pupille?

— J'y songe, au contraire, excellente amie, j'y songe beaucoup...

— Eh bien?...

— Mais Marie résiste, — elle se prétend heureuse auprès de moi et ne veut pas entendre parler de changer d'état...

— En d'autres termes, son petit cœur reste silencieux et ne se révèle point encore...

— Voilà, sans aucun doute, la vraie raison de ses refus...

— Mon cher marquis, j'ai l'intention de me mettre sur les rangs.

— Vous, baronne ! ! ! — répliqua M. d'Espoisses en riant.

— Moi-même, dans la personne d'un neveu que je possède en Bourgogne.

— Votre neveu sera le bienvenu. — Puis-je vous demander son nom ?...

— Il s'appelle le comte Henri de Talmay.

— Excellente noblesse ! ! !

— La première de la province, tout simplement.

— Son âge ?...

— Trente ans.

— Sa fortune?...

— A peu près égale à celle de votre nièce, — quarante mille livres de rente, dont il jouit, car il a perdu depuis plusieurs années son père et sa mère, et il est fils unique. — J'ajouterai que le château de Talmay est une habitation presque princière...

— Et lui, votre neveu, comment est-il?...

— L'homme du monde le plus charmant et le plus distingué qui se puisse imaginer...

— Savez-vous, baronne, que tout ceci me

paraît constituer un parti très excellent et très acceptable...

— Alors, acceptez-le.

— Vous savez bien que cela ne dépend pas absolument de moi, — mais ce que je puis vous affirmer, c'est que si M. de Talmay plaît à Marie, je donne d'avance mon consentement.

— Et moi je prends acte de cette bonne parole.

— Votre neveu n'est point à Paris...

— Non, mais il y sera dans huit jours. — Je vais lui écrire par le plus prochain courrier, en lui mandant que j'ai besoin de lui sur-le-champ, mais sans lui dire de quoi il s'agit.

— Craignez-vous donc que l'idée d'un mariage le trouve hostile?...

— Je l'ignore, mais j'ai la certitude que cette hostilité, si elle existe, se changera en un sentiment tout différent aussitôt qu'Henri aura vu Marie.

— Faites donc, et dans huit jours amenez-nous M. de Talmay. Quoi qu'il advienne, il sera le bienvenu dans la maison de votre vieil ami.

Madame de la Margelle écrivit le soir même.

Immédiatement après avoir reçu la lettre

de sa tante, M. de Talmay prit la malle-poste et arriva à Paris.

Quelques mots sont ici nécessaires sur ce personnage, l'un des principaux de notre récit.

Le comte Henri, nous le savons, avait alors trente ans. — Il était de taille moyenne et d'une apparence presque frêle; mais ses membres, qui semblaient débiles, cachaient une prodigieuse vigueur musculaire. — Henri faisait vingt lieues à cheval, ou chassait à pied pendant des journées entières, sous les chauds rayons du soleil de septembre, sans éprouver la moindre fatigue. — On l'avait vu lutter corps à corps contre un bûcheron de taille et de force herculéennes, qui, se cachant dans les bois après avoir commis un meurtre, vivait de déprédations et de rapines, répandait la terreur dans la contrée, et ne se montrait jamais qu'armé d'une cognée lourde et tranchante.

La gendarmerie le traquait vainement depuis près d'un mois.

Le comte, à cheval, accompagné d'un piqueur, rencontra ce misérable et lui cria de se rendre.

Le bûcheron ne répondit que par des menaces et des blasphèmes.

M. de Talmay mit pied à terre, s'élança sur lui, lui arracha sa cognée, le renversa, étranglé à demi et râlant, lui lia les pieds et les mains avec les sangles de la selle du piqueur, et, le jetant en travers, comme un sac de blé, sur le dos de son cheval, le conduisit jusqu'au poste de gendarmerie le plus voisin.

Cet acte de merveilleux courage avait valu au comte, âgé de vingt-sept ans à cette époque, la croix de la Légion-d'Honneur.

Les forces délicates du jeune homme, la pâleur à peine rosée de son visage, ses cheveux d'un blond doré et ses yeux d'un bleu très clair ajoutaient d'ailleurs à la distinction de sa personne.

Tout en lui décelait les caractères irrécusables du *pur-sang*, comme on dit en termes de Stud-Book.

M. de Talmay appartenait à une antique et

très illustre maison, dont le nom se retrouve à chaque page dans l'histoire du duché de Bourgogne.

Un comte de Talmay combattait à Granson et à Morat à côté de Charles le Téméraire.

Le comte Henri était fier de la grandeur incontestable et incontestée de sa race, et ne se montrait point exempt d'une morgue aristocratique assez rare à notre époque, où la supériorité de naissance a perdu la meilleure partie de son prestige, et où l'on n'estime guère les hommes pour le nom qu'ils portent, mais seulement pour la valeur qu'ils donnent à ce nom.

Ce dernier descendant des compagnons et des capitaines des ducs de Bourgogne, n'était point, d'ailleurs, un personnage insignifiant.

Son énergie morale et sa force de volonté égalaient sa vigueur corporelle. — Aucun obstacle n'aurait été capable de le faire plier ou reculer, lorsqu'il avait résolu d'arriver à un but.

L'occasion ne s'était jamais présentée pour lui d'employer ces facultés rares de volonté et d'énergie à des choses utiles et remarquables, et c'était dommage, car dans ce gentilhomme, grand propriétaire et chasseur intrépide, il y avait l'étoffe d'un de ces hommes d'élite qui ne passent point inaperçus en ce monde.

Fort mal élevé par son père, qui ne mettait

pas en doute qu'un Talmay en sût assez lorsqu'il savait monter à cheval comme un centaure, nager comme un triton, tirer l'épée comme le chevalier de Saint-Georges, boire comme le duc de Bassompierre, et mettre une balle à soixante pas dans l'œil d'un sanglier, le jeune comte avait fait à lui seul son éducation.

Grâce aux livres de la vieille bibliothèque, il possédait des connaissansec sinon bien profondes, du moins extrêment variées. — Membre du conseil général et regardé dans toute la Bourgogne comme un homme supérieur, il recevait universellement l'assurance que, s'il jugeait à propos de se mettre sur les rangs pour la députation, son élection était assurée d'avance.

— Je suis trop jeune encore pour être ambitieux, — répondait-il en souriant.

Et il continuait à chasser, sans se préoccuper le moins du monde de l'horizon politique qui commençait à se rembrunir, car 1830 était proche.

Henri de Talmay passait huit mois de l'année dans ses terres, et quatre dans son hôtel de Dijon.

A la ville comme à la campagne, il tenait table ouverte et voyait bonne compagnie. — Sa position de célibataire ne permettait point aux femmes du monde l'entrée de sa maison, et il ne recevait que des hommes, appartenant presque tous à l'aristocratie de la province. — Quelques exceptions avaient lieu, cependant, en faveur de roturiers d'un mérite réel.

Le comte allait rarement à Paris, et ses séjours dans la grande ville se prolongeaient peu. — Les hautes futaies du château de Talmay et la flèche aiguë de Saint-Bénigne exerçaient sur lui d'irrésistibles attractions. — La voix de ses chiens et les fanfares de ses trompes de chasse lui semblaient une musique bien supérieure à l'orchestre de l'Opéra.

Les mœurs du jeune homme étaient d'une irréprochable et invraisemblable pureté, que la plupart de ses compagnons habituels ne comprenaient guère et qu'il nous paraît utile d'expliquer.

Henri de Talmay n'avait ni les passions moins vives, ni le sang plus glacé que ses amis, mais il se distinguait d'eux par une délicatesse singulière et par une incomparable loyauté. — Cette délicatesse lui faisait ressentir pour les amours faciles et les tendresses vénales une profonde et insurmontable répugnance... — cette loyauté lui inspirait l'horreur et le mépris de toute séduction, de toute trahison. — Tromper une vierge lui semblait infâme ; — détourner de ses devoirs une femme mariée constituait à ses yeux un crime indigne de toute pitié... Il avait pour flétrir l'adultère des paroles pleines d'une sauvage et implacable énergie.

Son indignation chaleureuse ne lui permettait même point d'admettre ces plaisanteries gauloises qui, depuis les vieux conteurs jusqu'à nos jours, en passant par Molière et par La Fontaine, ont choisi, à toutes les époques, les maris trompés pour point de mire.

Un jour, un de ses amis l'accusa de ne feindre une susceptibilité si grande à l'endroit des galants péchés, qu'afin de mieux cacher son jeu et de dissimuler une mystérieuse intrigue avec quelque belle châtelaine du voisinage.

Henri s'emporta et déclara qu'il se regardait comme insulté par une semblable supposition.

L'imprudent railleur voulut prendre cette colère en riant, mais il ne tarda guère à avoir la preuve que rien n'était plus sérieux.

Le jeune comte répondit à ses plaisanteries par une provocation en règle, le conduisit sur le terrain, malgré les efforts conciliants des témoins de l'altercation, et lui donna dans l'épaule un grand coup d'épée qui le tint au lit pendant six semaines.

Quelques mots suffiront pour compléter l'esquisse rapide que nous venons de faire des principaux traits de notre personnage.

Malgré son équité chevaleresque, Henri de Talmay n'était aimé ni de ses serviteurs, ni de ses fermiers, ni des paysans de ses domaines. — Voici pourquoi : — le jeune homme, très entier et très absolu dans ses idées, nous le savons, regardait l'indulgence comme une coupable faiblesse, — comme une sorte de prime d'encouragement, donnée à la mauvaise conduite. — Il n'accusait, ou du moins il ne condamnait jamais injustement; mais une fois que la culpabilité lui paraissait évidente et incontestable, il se montrait inflexible ; il n'ajoutait aucune foi au repentir, et le mot *pardon* n'avait pas de sens pour lui.

On l'avait vu renvoyer impitoyablement, à la suite d'une faute qui cependant n'offrait rien de bien grave, un vieux domestique depuis quarante ans au service de sa famille.

Son inflexibilité, dans cette circonstance et dans plusieurs autres, devait faire croire et fit croire en effet à une réelle dureté de cœur, à une sorte de cruauté.

Henri cependant n'était point cruel, mais par une disposition invincible de son esprit il envisageait la sévérité comme un devoir, et il se disait que celui qui, pouvant châtier une faute, ne le fait pas, se rend complice de cette faute.

Il nous semble que nous avons à peu près tout dit, et que nos lecteurs peuvent désormais se former une idée générale du caractère qui, dans la suite de ce récit, se développera devant eux.

§

Le comte de Talmay descendit à l'hôtel Meurice, s'habilla, prit une voiture et se fit conduire chez madame de la Margelle.

— Ma chère tante, — lui dit-il en entrant, — vous m'avez écrit que vous m'attendiez... — Je n'ai perdu ni une heure, ni une minute; — me voici...

— Ton exactitude m'enchante d'autant plus, — répondit Sylvanire, — que c'est dans ton propre intérêt que tu viens d'agir.

— Comment cela?...

— Faut-il te dire tout nettement la chose, mon cher neveu, ou prendre des détours?...

— Les plus droits chemins sont les plus courts et les meilleurs.

— Alors, j'aborderai la question sans périphrases et sans réticences.

— Je vous en prie... — De quoi s'agit-il ?...

— Veux-tu te marier ?...

Henri fit un mouvement de surprise.

— Me marier ? — répéta-t-il.

— Oui.

Le jeune homme garda le silence et prit un air rêveur.

— A quoi penses-tu ? — demanda Sylvanire.

— A votre question, chère tante.

— Voyons, j'ai parlé carrément, réponds-moi de même. — Veux-tu te marier ?...

— Cela dépend...

— De quoi ?

— De beaucoup de choses.

— Lesquelles ?...

— D'abord, de la femme que vous avez à me proposer...

— Naturellement ; — mais il me semble que tu me comprends mal... — Je ne serais point dans mon bon sens si je te questionnais au sujet d'une personne que tu ne peux connaître, — je te demande tout simplement si tu acceptes, en thèse générale, l'idée d'un mariage ?...

— Eh bien, oui, — je l'accepte. — J'ai

trente ans, — la solitude commence à me peser, et d'ailleurs je ne veux pas que le nom de mes ancêtres s'éteigne avec moi...

— Bravo !... — c'est tout ce qu'il me fallait. — Je crois maintenant que rien ne m'empêche de m'occuper de la toilette que je porterai le jour de tes noces...

— Chère tante, — répliqua M. de Talmay en riant, — je crois que vous chantez victoire un peu vite...

— Non pas !...

— Songez que je vous ai répondu affirmativement au sujet du mariage, mais nullement à celui de la femme que vous m'offrez...

— Si j'avais trouvé chez toi des idées de célibat tout à fait enracinées, la femme que je t'offre aurait opéré bien vite et bien facilement ta conversion...

— Ah çà ! mais c'est donc une merveille ?

— Tu as dit le mot, c'est une merveille.

— Vous savez que je suis extrêmement difficile...

— Tu en as le droit.

— Je tiens à ce que la jeune fille qui portera mon nom et partagera ma vie, se trouve dans certaines conditions dont la réunion est infiniment rare...

— Voyons ces conditions.

— Je vais vous paraître ridicule...

— En aucune façon... — Parle vite...

— D'abord, la naissance...

— Sa naissance vaut la tienne...

— J'ai trente ans, — je désire qu'elle n'en ait pas plus de vingt.

— Elle en a dix-huit.

— Je veux qu'elle soit jolie.

— Elle est belle comme un ange.

— Je n'accepterais point une famille importune, prétendant prendre un pied chez moi et garder sur ma femme une influence qui doit cesser aussitôt après le mariage...

— La chère enfant est orpheline.

— Je souhaite que la fortune de ma femme soit à peu près égale à la mienne ; non pas pour moi, je suis assez riche ; mais pour les enfants à venir, qui peuvent être nombreux.

— Elle est plus riche que toi... — Es-tu au bout de tes conditions ?...

— Pas encore...

— Mon cher neveu, la liste est bien longue...

— Il me semble que, jusqu'à présent, vous avez eu réponse à tout...

— C'est vrai. — Continue.

— Vous savez que, bien que vivant largement, en bon gentilhomme, j'ai des goûts simples... — J'aime la province, et je ne me déciderais point à venir passer mes hivers à Paris, dans le tourbillon du grand monde... — Il est donc indispensable, dans l'intérêt de la paix et de l'union du ménage, que les goûts et les désirs de ma femme soient conformes aux miens.

— Ta fiancée (je crois pouvoir l'appeler ainsi) recevra comme une cire molle toutes les empreintes qu'il te plaira de lui donner; elle n'aura d'autres volontés que les tiennes.

— Enfin, — et ceci est la dernière et la plus importante des conditions que la femme que j'épouserai doit réunir, — il faut que son éducation et ses principes moraux et religieux me soient une sûre garantie qu'elle n'aimera jamais que moi...

Madame de la Margelle ne put s'empêcher de se dire à elle-même :

— Quelle fatuité ! — Les jeunes hommes de ce temps-ci ont véritablement des prétentions extravagantes !...

Mais la bonne dame garda pour elle seule cette réflexion inquiétante et se hâta de répondre :

— Ta fiancée sort du Sacré-Cœur, où elle édifiait par sa piété, non-seulement ses compagnes, mais ses maîtresses... — Eh bien, mon neveu, qu'en penses-tu ?

— Je pense, chère tante, que vous aviez raison de me promettre une merveille...

— Bah! tout ce que tu viens d'entendre est de beaucoup au-dessous de la réalité...

— Et ce trésor s'appelle?...

— *Marie de Longecourt*... — La famille te paraît-elle suffisante?...

— Ainsi que vous m'en aviez prévenu tout à l'heure, elle vaut la mienne, et c'est tout dire... — Quand me présenterez-vous?...

— Ce soir.

IV

Sylvanire et Marie.

Sylvanire ne s'était point exagéré l'effet que devait produire sur Henri de Talmay la charmante nièce du marquis d'Espoisses.

Le gentilhomme bourguignon fut irrésistiblement séduit, dès la première heure, non-seulement par la beauté et par la grâce, mais encore et surtout par la candeur et par la simplicité de la jeune fille.

— Eh bien? — fit madame de la Margelle en quittant l'hôtel du marquis.

— Vous aviez raison, ma tante, — répondit Henri. — Je me sens tout prêt à aimer mademoiselle de Longecourt, et il me semble qu'être aimé d'elle serait le bonheur.

— Alors, ton bonheur est assuré.

— Pensez-vous donc que Marie m'aimera?...

— Il est impossible qu'elle ne t'aime

pas, et je crois être en mesure de te promettre que ton attente sera de courte durée.

La baronne disait vrai.

Par la force des choses, Henri ne pouvait manquer de l'emporter sur tous ses rivaux, dont aucun, nous le savons déjà, n'était d'ailleurs bien sérieux.

Les nombreux aspirants à la main de l'héritière ne faisaient que passer pour disparaître presque aussitôt.

Marie les entrevoyait au milieu d'un bal ou d'un raout; — à peine, dans l'intervalle des figures d'un quadrille, ou entre deux tasses de thé, les entendait-elle formuler prétentieusement, les bras arrondis et la bouché en cœur, quelques-unes de ces phrases banales et toutes faites, — lieux communs invariables, — les seuls qui se puissent échanger entre un danseur et sa danseuse, quand la danseuse est une jeune fille et que le danseur lui parle pour la première fois de sa vie.

Certes, ceci était insuffisant pour produire une impression — même légère — sur un cœur de dix-huit ans.

Henri de Talmay, au contraire, exceptionnellement favorisé, fut admis dans l'intimité du marquis d'Espoisses, et par conséquent dans celle de Marie.

Il vécut en quelque sorte de leur vie, — il vint chaque jour à l'hôtel et fut toujours reçu, — il accompagna partout le tuteur et sa pupille, et bientôt ! dans le monde aristocratique, personne ne douta de son prochain mariage avec mademoiselle de Longecourt.

Le marquis et la baronne avaient eu l'habileté de ne pas dire à Marie un seul mot qui pût lui faire soupçonner leurs projets.

Henri, de son côté, courtisait la jeune fille d'une façon qui n'offrait rien d'officiel ; il ne déclarait point son amour avec l'assurance d'un fiancé qui se sent accepté d'avance ; il avait toutes les timidités charmantes d'un amant bien épris, désirant et tremblant à la fois.

Il jouait ce rôle avec d'autant plus de naturel qu'il aimait réellement et passionnément.

Le résultat, nous le répétons, ne pouvait être douteux.

Marie se préoccupa bien vite du seul homme dont il lui fût possible de connaître et d'apprécier l'esprit, la distinction, l'élégance.

Elle ne tarda guère à trouver longues les heures passées sans voir M. de Talmay.

— Elle comprit alors que sa présence devenait un besoin pour elle... — Son cœur battait au moment de l'arrivée du jeune homme... — au moment de son départ, elle ressentait de vagues tristesses.

Elle eut de soudaines rougeurs et des pâleurs adorables.

Enfin, elle aima Henri, ou, pour mieux dire, elle se persuada qu'elle l'aimait; ce qui, dans maintes circonstances, revient à peu près au même. — Presque toujours l'amour commence par une douce illusion, qui parfois se transforme en délicieuse réalité, mais parfois aussi n'amène à sa suite que déception amère.

Nous croyons que personne au monde ne pourra contester la justesse de cet axiome dont M. de La Palisse lui-même se déclarerait satisfait.

Tout ceci dura deux mois.

Au bout de ce temps on vit, un matin, une longue file de voitures armoriées se déployer devant le portail de Saint-Thomas d'Aquin, l'église aristocratique par excellence.

Ces voitures avaient préalablement fait une halte dans la cour de la mairie du dixième arrondissement.

Au sortir de l'église, mademoiselle de Longecourt était, en face de Dieu et en face des hommes, la comtesse Marie de Talmay.

Les fêtes de ce mariage fournirent à madame de la Margelle une large occasion de toilettes insensées.

Avons-nous besoin de dire qu'elle saisit cette occasion avec un fougueux empressement?...

Les jeunes époux demeurèrent pendant

une quinzaine de jours à Paris, puis Henri emmena sa femme en Bourgogne.

A partir de cette époque, Sylvanire vint chaque année passer deux ou trois mois d'automne au château de Talmay.

Le comte Henri recevait beaucoup de monde, — les grandes chasses à courre amenaient de continuelles réunions, — les hommes se trouvaient en majorité, et par conséquent la douairière ne s'ennuyait pas.

Nous allons la rejoindre au moment où, sa toilette étant achevée par les bons soins de mademoiselle Flore, elle quittait son appartement, triomphante et radieuse.

Elle traversa d'un pas vif et léger une

large galerie dont un artiste du xviiie siècle avait illustré les panneaux de sujets de chasse et de nature morte, dans la manière d'Oudry et de Chardin, elle franchit comme l'éclair l'antichambre de sa nièce et, sans se faire annoncer, elle entra dans la chambre à coucher où se trouvait Marie.

Cette dernière ne s'accoudait plus au rebord de la fenêtre.

A demi étendue sur un *sofa*, dans une pose pleine de nonchalance et d'abattement, la jeune femme tenait à la main un livre qu'elle ne lisait pas, car sa tête se renversait en arrière et ses yeux regardaient, sans la voir, la coupe d'albâtre pleine de fleurs suspendue par une triple chaîne d'argent à la rosace dorée du plafond.

Sans doute sa pensée l'entraînait à son insu dans quelque rêve doux ou triste, bien loin du terre-à-terre de la réalité. — Au moment où la porte s'ouvrit pour laisser entrer madame de la Margelle, la comtesse tressaillit comme tressaille une personne qu'on éveille en sursaut. — Son livre s'échappa de ses mains, et elle fit un mouvement pour se lever et pour aller au-devant de la douairière.

Mais Sylvanire ne lui laissa pas le temps de quitter le sofa.

Elle glissa sur le tapis avec une légèreté tout enfantine ; elle vint s'asseoir à côté de Marie, lui prit les deux mains, l'embrassa sur le front et, pendant quelques secondes, la regarda avec une persistance singulière.

Sous ce regard perçant et investigateur, la comtesse baissa les yeux malgré elle, et avec un sourire un peu contraint, elle demanda :

— Y a-t-il donc en moi, chère tante, quelque chose qui mérite de fixer à ce point votre attention ?

— Sais-tu, ma nièce mignonne, — répondit Sylvanire, — que je te trouve un peu bien pâle ?

— Je crois, ma bonne tante, que je ne suis ni plus ni moins pâle que de coutume...

— Nenni ! nenni ! chère enfant, je ne me trompe en aucune façon. — Te voilà blanche comme un lis, et ce n'est pas naturel. — A ton âge, j'étais blanche aussi, mais j'avais des roses sur les joues.

— Vous étiez bien plus belle que moi, — fit la comtesse en souriant franchement cette fois, — vous savez que je n'ai jamais eu de bien vives couleurs.

— Je ne sais pas cela du tout. — Je me souviens que, l'an passé, l'incarnat le plus vif se mariait à la neige de ton teint... — Pourquoi la neige est-elle restée seule?

— Je l'ignore, et je vous affirme que je ne m'en suis jamais aperçue.

— Ta ta ta!... ma jolie nièce, voilà des histoires qu'il faut conter à d'autres qu'à moi... Depuis quand donc une femme jeune et belle ne connaît-elle point son visage et ne sait-elle plus distinguer le blanc du rose?

— Es-tu souffrante?

— Je ne me suis jamais mieux portée.

— Bien vrai?

— Oui, bien vrai.

— Alors, pourquoi es-tu triste?...

— Mais, chère tante, je ne suis pas triste.

— Fi! que c'est vilain de mentir ainsi, petite nièce! — D'ailleurs, à quoi bon?... — Je n'admets le mensonge que lorsqu'il est utile, et il ne l'est pas avec moi... — Ton sourire et tes hochements de tête ne sauraient me convaincre... — J'y vois clair, ma mignonne, et tes grands beaux yeux en disent long... — Ils sont rêveurs, et leurs étincelles semblent se noyer dans un nuage humide...

— Illusion, chère tante...

— Non... non... réalité, chère enfant...

— Mais je vous jure...

— Ne jure pas, je n'en croirais ni plus ni moins... — N'as-tu plus confiance en moi ?...

— Vous ne pouvez le penser !...

— Eh bien, sois franche avec ta bonne tante qui t'aime tant... — dis-moi tout... — Que se passe-t-il ?...

— Que pourrais-je avoir à vous dire?...
— Il ne se passe rien et je ne comprends pas ce que vous me demandez...

— C'est impossible... quelque chose est changé dans ta vie... — T'ennuies-tu?...

— Pas le moins du monde.

— On s'ennuie quelquefois sans le savoir... — j'ai passé par là... — Les heures semblent s'allonger, — les distractions deviennent fades, — on n'a plus de plaisir à rien, — les nerfs s'agacent, — on s'irrite de la moindre chose, et l'on s'enferme pour pleurer... — Éprouves-tu quelques symptômes pareils à ceux-là?...

— Non.

— Ton mari a-t-il des torts avec toi ?...

— Mon mari !... — s'écria la jeune femme. — Comment cela pourrait-il se faire, et pourquoi donc aurait-il des torts ?...

— Comment !... pourquoi ?... — Oh ! naïveté de l'âge d'or ! — Mais, chère petite, en thèse générale, les maris ont toujours des torts... — Certes, feu le baron de la Margelle était un bien digne homme... je rends pleine justice à sa mémoire... de temps à autre je pense à lui, et jamais, dans l'occasion, je ne manque d'accorder à sa cendre une larme et un soupir... — et cependant je puis t'affirmer que plus d'une fois il ne m'apprécia pas comme je méritais de l'être... Oh ! non !!... — les hommes sont ainsi... — le meilleur ne vaut pas grand chose !...

— Je vous assure que vous vous trompez et qu'Henri est excellent...

— Ta ta ta ! — interrompit Sylvanire, — je vois que tu n'oses me parler à cœur ouvert, parce qu'Henri est mon neveu et que tu me supposes disposée peut-être à le soutenir contre toi... — Ceci serait une grosse erreur, chère petite... — les femmes se doivent aide et protection, et j'abandonnerais sans hésiter tous les neveux du monde pour prendre ton parti, ma mignonne... Ainsi, tu vois que tu peux parler en toute liberté et m'exposer catégoriquement tes griefs...

— Je ne demanderais pas mieux, chère tante, car je sais combien vous êtes bonne et combien vous m'aimez... — répondit Marie, — mais les griefs que vous supposez n'existant en aucune façon, comment pourrais-je les mettre sous vos yeux ?

Sylvanire fit un geste d'étonnement, puis elle reprit :

— Comment! ton mari ne te donne pas le moindre sujet de plainte, au bout de quatre ans de mariage?

— Pas le moindre.

— C'est prodigieux!... c'est inouï! — c'est invraisemblable ! — Il est le même avec toi que le premier jour?

— Oui.

— Sous tous les rapports ?

— Sous tous les rapports.

— Sa tendresse n'a point diminué? — insista Sylvanire.

— Non.

— La brusquerie, la grossièreté masculines n'ont remplacé ni les expansions ni les délicates galanteries de la lune de miel?...

— Tel Henri était il y a quatre ans, tel il est aujourd'hui.

Madame de la Margelle eut un mouvement d'incrédulité.

— Ainsi, — continua-t-elle au bout d'un instant, — ainsi, ma nièce mignonne, tu gardes toutes tes illusions?... — Aucune déception n'est survenue?... — l'idéal bonheur rêvé par toute jeune fille s'est conservé intact pour toi?

Pendant le quart d'une seconde, Marie hésita.

Cependant elle répondit, mais avec moins d'assurance qu'elle n'en avait montré jusque-là :

— Oui, ma tante.

Sylvanire leva ses mains vers le plafond.

— Vertu de ma vie ! — s'écria-t-elle, — voilà une femme heureuse ! — Il n'existait, il ne pouvait exister sous le ciel qu'un seul mari parfait, et c'est à elle qu'il est échu ! — Quand je songe que, grâce à moi, s'est accomplie cette union-phénomène, il me prend une envie folle de m'élever quelques autels et de brûler en mon honneur deux ou trois grains d'encens !

Puis, quittant le ton dithyrambique et un peu railleur qu'elle venait de prendre, la baronne ajouta sans transition, et comme si elle eût formulé la chose du monde la plus simple :

— Je vois ce que c'est, chère petite... — la situation devient pour moi claire comme le jour et l'évidence me saute aux yeux. — Tu n'aimes plus ton mari.

La pâleur de la comtesse, cette pâleur dont avait parlé Sylvanire au début de l'entretien que nous rapportons, devint tout à coup livide. — En même temps, la jeune femme dégageait vivement ses mains de celles de la douairière.

— Ah ! ma tante, — murmura-t-elle avec

une sorte d'épouvante, — que venez-vous de dire?

— La vérité, mon enfant, la vérité.

— Moi, ne plus aimer Henri! Y songez-vous, ma tante?

— Certainement, j'y songe, et je vais te prouver que j'ai raison d'y songer... Tu es jeune, tu es belle, tu es riche ; tu jouis d'une liberté complète, tu possèdes un mari que tu te plais à déclarer irréprochable, et au lieu d'être joyeuse comme une fauvette au printemps, et même un peu folle, ainsi que je n'aurais pas manqué de l'être à ta place, tu es rêveuse, triste, absorbée, mélancolique...
— Or, dans la position où tu te trouves, cette rêverie, cette tristesse, ne peuvent avoir que

deux causes : l'amour qui s'en va ou l'amour qui vient... — Choisis.

Marie baissa la tête et ne répondit pas.

Sylvanire eut un malin sourire sur ses lèvres peintes au carmin.

Au bout d'une seconde, elle reprit :

— Tu n'oses faire un choix... — tu gardes le silence... — Je parlerai pour toi... chère mignonne... — Je lis au fond de ton petit cœur aussi parfaitement que dans un livre ouvert... — Les deux causes de mélancolie que je viens de signaler s'y trouvent réunies... — l'amour s'en va et l'amour arrive... — Tu n'aimes plus ton mari... et tu es en train d'en aimer un autre...

Marie, en entendant ces dernières paroles,

se leva, ou plutôt bondit du sofa sur lequel elle était assise.

Sa pâleur avait disparu. — Un nuage d'une pourpre violente couvrait son pur et beau visage.

— Oh! madame, — balbutia-t-elle d'une voix que l'émotion rendait tremblante et presque indistincte, — que vous ai-je donc fait et comment ai-je pu mériter ces soupçons insultants?...

— Allons, bon ! — s'écria madame de la Margelle, — voilà que tu te fâches!... voilà que tu m'appelles *madame!!* — voilà que tu doutes de la tendresse de cette bonne tante Sylvanire qui t'aime cependant de tout son cœur!! — Calme toi, chère nièce mignonne, reviens t'asseoir à côté de moi et causons comme deux vraies amies...

En même temps elle saisit la main de la jeune femme qu'elle contraignit avec une douce violence à se rasseoir à côté d'elle et qu'elle embrassa à plusieurs reprises.

Marie ne résistait point à ces caresses ; mais elle restait muette, dans une attitude désolée, et deux grosses larmes se suspendaient comme deux perles au bord de ses longs cils recourbés.

— En vérité, belle petite, — continua la douairière, — tu me vois bien triste de penser que je t'ai causé du chagrin... — Foi de baronne, rien au monde n'était plus loin de mon intention... — Qu'ai-je donc pu te dire, mon doux trésor, pour te faire prendre ainsi la mouche?...

— Vous m'avez dit, d'abord, que je n'aimais plus Henri.

— Et je suis bien forcée de le répéter, puisque c'est la vérité vraie...

— Vous m'avez dit, ensuite, que j'allais en aimer un autre...

— Je ne le répéterai pas, si tu veux, et cependant ma seconde affirmation n'est pas moins exacte que la première...

— Ainsi, vous persistez?...

— Sans doute, et, si tu voulais être franche avec moi, tu conviendrais que j'ai raison...

— Jamais !...

— Bah ! dans ton âme et conscience, tu sais bien à quoi t'en tenir...

— Oh ! ma tante, encore cette odieuse accusation !!

— Mais, ma pauvre petite tourterelle, je n'ai nulle envie de t'accuser... — Me prends-tu, par hasard, pour une duègne espagnole bien sévère et bien farouche, épiant jour et nuit, afin de les dénoncer au jaloux, les jolis rêves d'un tendre cœur ? — Il n'en est rien, absolument rien, ma mignonne... — Je suis l'indulgence incarnée. — Personne au monde n'a jamais compris l'amour mieux que moi et ne ressent plus d'intérêt pour les douces blessures que font ses flèches acérées... — On n'est point libre d'aimer ou de ne pas aimer... Va! mon enfant, je le sais bien... — D'ailleurs, je suis à mille lieues de l'accusation et du soupçon... — Je connais tes principes, — je garantirais ta vertu, — je répondrais de toi corps pour corps, — mais une femme est-elle moins honnête, moins digne d'estime et de respect parce que, sans le vouloir, sans le savoir peut-être, elle a distingué quelqu'un?... — Non, ma mignonne, je n'en crois rien... — Le cœur est plus fort que la volonté; lorsqu'il parle, il faut bien l'entendre...

— Mais, ma tante, quand on a juré devant Dieu d'aimer son mari et de n'aimer que lui, le cœur n'a plus le droit de parler.

— Il ne l'a pas, mais il le prend.

— Le premier de tous les devoirs, ce me semble, est de lui imposer silence...

— C'est facile à dire, mais c'est difficile à faire... — Le cœur ressemble aux enfants rebelles, — plus on leur enjoint de se taire et plus ils parlent haut.

— Mais alors, si toute résistance est inutile, faut-il donc s'abandonner passivement aux rêveries d'un amour coupable?...

— Il faut lutter, au contraire, lutter de toutes ses forces. — C'est indispensable pour le repos de la conscience, — mais cela ne sert absolument à rien.

— Eh quoi! la résistance est vaine? — s'écria Marie.

— Généralement.

— Mais alors, à quoi sert de combattre contre soi-même ?...

— Je viens de te le dire, cela sert à n'avoir rien à se reprocher lorsque le moment de la défaite est venu... — Le cœur est pareil alors à un petit corps d'armée attaqué par de gros bataillons et qui fait bonne contenance jusqu'à l'heure où des forces supérieures le contraignent à capituler honorablement...

— Oh ! ma tante, je voudrais ne pas vous croire.

— Et pourquoi ?...

— Parce que votre morale est horriblement décourageante !... — Comment garder des forces pour le combat si la défaite est d'avance assurée?... — Je suis bien jeune, j'ai peu d'expérience, mais il me semble que tels ne sont pas les conseils et les enseignements que je devrais recevoir de vous...

— Ma nièce mignonne, — répliqua Sylvanire avec une dignité magnifique, — je ne saurais donner que de bons conseils, et, si tu en doutes, c'est que tu ne m'as pas bien comprise... — Ma morale est d'une inattaquable pureté, et je vais, si tu veux, te le prouver par un exemple où tu seras toi-même en jeu... — Donc je prétends, et tu ne saurais me contredire, que tu n'es point la maîtresse d'empêcher ton cœur de s'envoler vers un beau jeune homme, M. de Commarin, je suppose, mais qu'il dépend tout à fait de toi que M. de Commarin ne connaisse jamais son bonheur... — Il est impossible, quoi qu'on fasse, de résister à l'amour qui est un dieu, mais il est possible, avec beaucoup de courage, de résister à l'amant qui n'est qu'un homme, et c'est tout ce qu'il faut pour la plus grande gloire de la femme et pour le plus complet repos du mari...

Madame de la Margelle aurait pu continuer pendant longtemps encore l'étalage de ses maximes perverses et subversives dont elle ne comprenait en aucune façon l'effroyable immoralité.

Rien ne serait venu l'interrompre.

Marie ne l'écoutait plus.

Depuis le moment où la douairière avait prononcé le nom de M. de Commarin, la jeune comtesse était en proie à un anéantissement profond.

Tout le sang de son corps, refluant vers le cœur, rendait son visage livide comme un masque de cire vierge.

Sans les battements précipités de ses paupières et sans le tremblement de ses mains, on aurait pu la croire évanouie ou morte.

Étonnée de ne recevoir aucune réponse, Sylvanire regarda sa nièce avec plus d'attention et s'aperçut des symptômes de prostration effrayante que nous venons de signaler.

Marie chancelait et semblait au moment de perdre l'équilibre et de tomber sur le tapis.

— Eh bien, eh bien, qu'as-tu donc, ma

mignonne chérie? — s'écria la douairière en enlaçant de ses bras la jeune femme et en l'appuyant contre sa poitrine, au risque de friper le corsage *bouillonné* de sa robe rose. — Marie, mon enfant, est-ce que tu te trouves mal?...

Madame de Talmay ferma les yeux, poussa un long soupir et perdit connaissance.

En face de l'évanouissement si imprévu de sa nièce, Sylvanire fut au moment de pousser de grands cris, d'agiter les sonnettes et d'appeler au secours.

Mais elle réfléchit bien vite qu'il deviendrait alors nécessaire de donner quelque explication plausible d'une crise à peu près inexplicable, et elle prit le parti de ne recourir à l'aide de personne.

En conséquence, elle disposa les coussins du sofa sous la jolie tête blonde et pâle de la comtesse, — elle alla prendre dans l'un des meubles de son appartement un flacon de sels anglais d'une grande violence, et elle approcha ce flacon des narines contractées de la jeune femme.

Marie, au bout de quelques secondes, fit un faible mouvement et ouvrit les yeux.

En même temps, et avec l'instantanéité de l'étincelle électrique, la pensée et le souvenir lui revinrent à la fois.

— M. de Commarin... — balbutia-t-elle en fondant en larmes. — Oh! ma tante, ma tante, pourquoi avez-vous prononcé ce nom?...

— Nous parlerons de cela tout à l'heure, mon cher amour, — répliqua madame de la Margelle. — Mais d'abord, dis-moi, comment te trouves-tu?...

— Je vais bien... tout à fait bien... — Ce n'était qu'une faiblesse passagère... Je vous en supplie, répondez-moi... — pourquoi donc avez-vous prononcé ce nom?...

— Par la raison du monde la plus simple. — Georges de Commarin est sans contredit le plus beau, le plus charmant, le plus distingué, le plus romanesque, le plus poétique, le plus *idéal*, enfin, des jeunes gens qui fréquentent ce château, et naturellement j'ai dû supposer que tu n'avais pu voir ses rares qualités sans les remarquer, et, les remarquant, j'ai dû croire que ton indifférence était invraisemblable... — Me suis-je trompée, petite nièce?...

Marie cacha son visage baigné de larmes dans les caverneuses profondeurs de la poitrine décolletée de la douairière.

— Chère tante, — fit-elle d'une voix si basse que madame de la Margelle devina ses paroles plutôt qu'elle ne les entendit, — vous êtes cruelle... bien cruelle... Vous êtes sans pitié...

— Et pourquoi donc cela, belle petite?...

— Parce que vous me demandez ce que je ne voulais pas m'avouer à moi-même... Vous me contraignez à regarder dans mon cœur... et ce que j'y vois m'épouvante...

Sylvanire sourit.

A la suite de deux chocs successifs et imprévus, une réaction complète venait de s'opérer dans l'esprit et dans la volonté de madame de Talmay.

La pauvre enfant, brisée et énervée, manquait désormais de force pour la résistance. — Autant, jusqu'à cette heure, elle avait été muette et concentrée, et se reployant sur elle-même comme une sensitive, autant elle allait devenir expansive et prête aux aveux.

— Ma nièce mignonne, — dit vivement la douairière pour l'encourager dans cette voie, — je le sais par expérience, il est dans la vie des choses qu'on voudrait pouvoir se cacher à soi-même, et qu'on verse avec bonheur dans le sein d'une amie prudente, sûre et dévouée comme ta chère tante Sylvanire. —

Tu ne saurais te figurer combien ça soulage!... — Un secret partagé n'est plus un fardeau... surtout un secret de cœur... — Allons, belle petite, dis-moi tout... — tu verras comme tu te sentiras joyeuse ensuite...

Et la vieille baronne embrassa tendrement la jeune comtesse.

V

Une imprudence.

— Que puis-je vous dire, ma tante, que vous ne sachiez déjà? — balbutia Marie.

— Comment! comment! que je ne sache? — s'écria la douairière, — mais, ma mignonne, je ne sais rien... exactement rien!

— Vous en savez tout aussi long et plus long que moi puisque vous avez lu dans mon cœur, où je ne lisais pas moi-même...

— Sans doute, ma chérie, sans doute, mais ce n'est point tout à fait de cela qu'il s'agit. — Voyons, que s'est-il passé?... — de quelle façon cet amour a-t-il pris naissance?... — Que t'a dit Georges? — par quel moyen ingénieux et galant t'a-t-il fait le premier aveu de sa flamme, et que lui as-tu répondu?...

— Oh! ma tante, — demanda vivement la jeune femme effarouchée par cette avalanche de questions, — que supposez-vous donc?...

— Je ne suppose pas la moindre chose,

ma tourterelle, et j'attends que tu m'aies raconté les faits pour savoir à quoi m'en tenir... — Commence par le commencement, c'est-à-dire par la déclaration de Georges.

— Mais, ma tante, M. de Commarin ne m'a jamais dit qu'il m'aimait...

— Il te l'a écrit, alors?...

— Non, ma tante.

— Enfin, ses yeux te l'ont fait comprendre avec éloquence ?...

— Son regard n'a jamais rencontré le mien... — Lorsqu'il se fixait sur moi, je me hâtais de baisser les yeux.

— Dans ce cas, comment sais-tu donc que cet aimable jeune homme éprouve à ton endroit un impétueux amour?...

— J'ignore absolument cet amour et j'espère de tout mon cœur qu'il n'existe pas...

— Tu espères n'être point aimée ? — murmura la douairière stupéfaite.

— Oui, ma tante.

— Et pourquoi ?

— Ce serait un malheur pour M. de Commarin de s'attacher à une femme qui n'est pas libre et qui ne pourra jamais lui appartenir ?...

— Sans doute... sans doute... — fit Sylvanire avec un grand fond de désappointement, car la bonne dame avait compté sur l'affriolant récit d'une intrigue en règle. — Je t'approuve fort, ma nièce mignonne, et voilà des sentiments qui te font le plus grand honneur et qui me paraissent tout à fait rassurants pour mon neveu... — Il ne faudrait pas trop s'y fier, cependant... — On commence comme ça, on est toute timide et timorée, et puis, un beau jour, le vent tourne... — Je sais bien ce que je veux dire... — Bref, ma chérie, tiens-toi sur tes gardes... — Georges n'a pas encore parlé, mais il parlera...

— Il n'oserait...

— Bah!... les hommes osent tout... et celui-là ne passe nullement pour manquer d'audace.

— J'espère bien, je vous le répète, qu'il ne s'occupe point de moi.

— Ta ta ta! — c'est impossible. — Il t'aime, j'en réponds.

— Je ne veux pas vous croire.

— Tu as tort, — l'amour est contagieux...
— Georges t'aime, puisque tu l'aimes...

— Je ne suis pas sûre de l'aimer, et d'ailleurs il l'ignore... il l'ignorera toujours.

— Les hommes n'ignorent jamais ces choses-là. — Ils ont un instinct merveilleux pour les deviner, — et puis, vois-tu, mon pauvre agneau, ta candeur même est compromettante; les battements de ton petit cœur ne sauraient échapper aux regards d'un amant, puisque des yeux désintéressés les remarquent.

Marie fit un mouvement de surprise et d'effroi.

— Que dites-vous ? — s'écria-t-elle. — Qui donc a deviné ce que je ne m'avouais point à moi-même ?...

— Moi, d'abord, — répondit Sylvanire, fort empressée de mettre en relief sa prétendue perspicacité, — et je ne suis pas la seule. — Il n'y a pas une heure, en m'habillant, Flore me parlait de tout ceci.

— Ah ! — s'écria la comtesse avec un véritable désespoir, — devrais-je arriver à cette honte ! — Une femme de chambre prétend lire les secrets funestes que je croyais si bien cachés au plus profond de mon cœur !

Marie enfouit son visage bouleversé dans ses deux petites mains et se prit à sangloter amèrement.

— Ma nièce mignonne, — fit la douairière, calme-toi, je t'en supplie! — Il n'y a rien que de fort ordinaire dans ce que je viens de t'apprendre. — Quand tu auras un peu plus d'expérience de la vie, tu sauras que jamais grand homme n'eut de mystère pour son valet de chambre, ni jolie femme pour sa camériste. — Bien fou serait celui ou celle qui se flatterait du contraire.

Madame de Talmay ne prêtait qu'une oreille inattentive aux banales consolations de sa tante.

— Oh! malheureuse... malheureuse que je suis! — murmurait-elle à travers ses larmes. — Souffrir n'est rien... mais rougir... rougir devant une servante...Voilà le supplice qu'il me faut accepter... voilà la honte qu'il me faut subir!... Mais, au nom du ciel, qu'ai-je donc fait pour mériter une humiliation si grande?...

— Ma tourterelle chérie, — continuait Sylvanire, — je prends sur moi de t'affirmer que tu te tourmentes tout à fait mal à propos. — Oublies-tu que c'est moi qui t'ai donné Flore et que je savais bien ce que je faisais?... — Cette petite est vraiment gentille et fort au-dessus de son état. — Je té réponds de sa discrétion comme de la mienne.

Marie disjoignit ses mains et montra son visage pâle et ses yeux étincelants.

— Ah! — dit-elle avec éclat, — cette fille insolente ne restera pas une heure de plus dans ma maison.

— Tu veux renvoyer Flore? — demanda la baronne stupéfaite.

— Je veux la chasser !

— Elle! un bijou... un trésor... — une créature incomparable pour la légèreté de la main et le moelleux du coup de peigne, et spirituelle, avec cela, comme un petit ange. — Y songes-tu?

— Oui, — répéta Marie, dont la colère montait, — oui, je la chasserai, je la chasserai honteusement!...

— Eh bien, mon enfant, tu auras tort, — tort à tous les points de vue et de toutes les façons. — D'abord, tu ne remplaceras pas facilement cette camériste modèle ; — ensuite, une femme de bon sens ne doit jamais, et sous quelque prétexte que ce soit, renvoyer sa femme de chambre.

— Pourquoi cela ?

— Parce que, si la vengeance est le plaisir des dieux, elle est aussi celui des valets congédiés... — Or, une soubrette mise à la porte se venge infailliblement de sa maîtresse.

— Et comment?

— De la manière la plus sûre et la plus facile, — en racontant à qui ne devrait pas les connaître, les secrets qu'on lui a confiés ou ceux qu'elle a surpris.

— Eh! que m'importe, à moi? — Je n'ai rien à cacher!... je n'ai rien à me reprocher!...

— Ma nièce mignonne, *le juste pèche sept fois par jour !* — J'ai entendu affirmer cela par ce charmant petit abbé du Taillis, de qui je tiens ce beau reliquaire que tu connais, renfermant une parcelle du fémur de sainte Marie l'Égyptienne et une mèche des cheveux de la Madeleine... — Crois un bon conseil et suis-le... — Ne te sépare point de Flore, surtout ne t'en sépare pas violemment. Du temps où vivait encore mon excellent mari, feu le baron de la Margelle, je commis un jour l'imprudence de renvoyer une femme de chambre. — Il me faudrait deux heures pour te raconter en détail les inconvénients et les calamités sans nombre qui fondirent sur moi à la suite d'une si fausse et si déplorable démarche... — Cette occasion fut l'une de celles où feu le baron, mon mari, oublia d'une façon trop complète les égards qu'il devait au sexe faible en général et à sa femme en particulier. — J'eus très gravement à me plaindre de lui, plus gravement que tu ne pourrais le supposer... Mais il est mort... j'oublie mes griefs... paix à sa cendre!... Bref! ma bonne petite, profite d'une expérience acquise à mes dépens, et ne t'avise pas de faire un coup de tête en mettant Flore à la porte. Tu me le promets?

— Oui, ma tante... — répondit machinalement la jeune femme.

— C'est bien convenu?

— Oui, ma tante.

En ce moment la cloche du château, mise en branle, envoya dans l'espace ses joyeuses volées.

Un piqueur expédié par M. de Talmay venait d'annoncer qu'avant une demi-heure les chasseurs seraient de retour, et le maître d'hôtel faisait sonner le premier coup du repas du soir.

Sylvanire, légère comme une nymphe, quitta le sofa.

— Je vais au salon, — dit-elle, — afin d'attendre ces messieurs et d'être prête à les recevoir, et je te laisse le temps de mettre la dernière main à ta toilette qui paraît un peu négligée, quoique charmante. — Je te préviens, ma mignonne, que ce pris-perle est sévère. — Pourquoi n'adoptes-tu pas le rose?... — C'est ma couleur favorite. — Enfin, tu as le droit de n'être point coquette, car tu es jolie comme les amours de toutes les façons et sous tous les costumes. — Nous reprendrons demain l'entretien si intéressant que nous venons d'abandonner, et tu me raconteras d'une façon minutieusement détaillée les *tic tac* de ton petit cœur depuis le jour et l'heure où il s'est mis à battre pour le beau Georges. — Au revoir, ma tourterelle chérie. — Veille bien sur tes regards au souper, et prends garde que mon neveu ne s'aperçoive de quelque chose. — Suis mon exemple. — J'ai la conscience de n'avoir rien négligé pour épargner à feu mon mari tout souci, toute inquiétude, et c'est aujourd'hui, je t'assure, un grand soulagement pour moi de penser que je fus sans reproches, ou à peu près, vis-à-vis de cet excellent homme.

Et madame de la Margelle, après avoir

embrassé de nouveau Marie, s'en alla leste et radieuse, et très sincèrement convaincue qu'elle avait été le modèle accompli des plus parfaites vertus conjugales.

Au moment d'atteindre la porte, elle revint sur ses pas.

— Bassine tes yeux avec de l'eau fraîche, ma chérie, — dit-elle, — et n'épargne point la poudre de riz. — Il est facile de voir que tu as pleuré, et, quand la femme a les yeux rouges, le mari cherche toujours à savoir pourquoi. — Oh! les maris, quelle vilaine engeance!

Après avoir donné cet excellent conseil et formulé ce dernier aphorisme, la baronne disparut, définitivement cette fois.

Madame de Talmay, restée seule, s'absorba dans une méditation profonde et douloureuse dont il nous semble facile de deviner le sujet.

Toutes les pages d'un volume ne nous suffiraient pas pour mettre sous les yeux de nos lecteurs une faible partie des réflexions pleines d'amertume qui se succédèrent en moins de quelques minutes dans l'esprit de la pauvre enfant.

Le chagrin et l'humiliation de Marie atteignaient les proportions d'un véritable désespoir, et ce désespoir était légitime.

Triste situation, en effet, que celle d'une femme jeune, inexpérimentée, candide, s'avouant à peine à elle-même qu'une image, qui n'est pas l'image de son mari, passe un peu plus souvent qu'il ne le faudrait dans ses rêves, et découvrant tout à coup que ce mystère d'un naissant amour est souillé par des regards curieux et mercenaires, et livré peut-être en pâture aux commérages malfaisants et aux railleries immondes de l'office !

Cette profanation imprévue des plus secrets replis de son âme blessait Marie dans son orgueil et dans sa pudeur, comme l'aurait pu faire la divulgation des trésors de sa beauté chaste devant une bande de satyres.

Ce n'est pas tout.

L'esprit de la comtesse travaillait vainement, et ce travail était une souffrance nouvelle.

Elle se demandait, sans pouvoir se répondre, par quelles ruses inouïes, par quelle infernale habileté, une curiosité étrangère était parvenue à lire couramment en son cœur ce qu'elle ne faisait qu'épeler, et à descendre au fond de sa pensée plus avant qu'elle n'y descendait elle-même.

En effet, il y avait là un problème véritablement insoluble pour quiconque se trouvait placé au même point de vue que madame de Talmay; mais pour nous ce problême est facile à résoudre.

Mademoiselle Flore, la première et l'unique cause de ces naissantes douleurs, de ces préoccupations poignantes, n'avait rien vu ni rien deviné.

Chargée par Georges de Commarin d'un

billet pour la comtesse, et sachant que ce billet contenait la demande d'un rendez-vous, elle en avait conclu que sa maîtresse s'accordait ou du moins touchait au moment de s'accorder avec le jeune homme et elle s'était empressée de parler dans ce sens à la baronne de la Margelle.

Nous savons déjà quel usage avait fait cette dernière des confidences un peu bien hasardées de la soubrette.

Marie, ignorant le point de départ des communications de sa tante, s'en épouvantait à bon droit et s'égarait au milieu d'un dédale de conjectures sans issues, comme un prisonnier abandonné dans des cryptes obscures et qui sent la démence envahir son cerveau, tandis qu'il se heurte contre les parois des galeries ténébreuses et inextricables où il périra.

Telle était, moralement, la situation de madame de Talmay.

Un bruit léger arracha la pauvre femme aux étreintes du cauchemar qui l'oppressait.

On frappait d'une main discrète à la porte de la chambre à coucher.

— Entrez, — dit Marie en se soulevant et en essuyant ses yeux, car ses larmes coulaient sans trêve depuis la sortie de madame de la Margelle.

La porte s'ouvrit, et mademoiselle Flore parut sur le seuil, un flambeau à la main.

Le crépuscule avait remplacé depuis longtemps les dernières clartés du jour, et l'obscurité commençait à succéder au crépuscule.

La soubrette alluma les bougies de la cheminée et celles qui se trouvaient sur la table de toilette.

Marie, les yeux attachés sur elle, sentait un flot de colère bouillonner dans son sein.

— Pour chasser cette fille, — se disait-elle, — il me faut un prétexte. — Comment le faire naître ?

Lorsque toutes les bougies furent allumées, mademoiselle Flore se tint debout devant sa maîtresse et lui dit :

— Je viens prévenir madame la comtesse que ces messieurs arrivent à l'instant et que le souper sera servi dans dix minutes, — Madame la comtesse a-t-elle besoin de moi ?...

— Non, — répondit Marie d'un ton sec.

— Cependant, — fit mademoiselle Flore avec insistance, — les bandeaux de madame la comtesse ne me paraissent pas tout à fait lisses... — Si madame voulait me le permettre, un simple coup de peigne réparerait ce léger désordre.

— Mademoiselle, — répliqua la jeune femme avec une extrême roideur, — il est inutile de m'offrir vos services... je saurai vous les demander quand j'en aurai besoin...

— Tiens! tiens! tiens! — se dit la soubrette, — en a parté, — il me semble que le temps est à l'orage... — Qu'est-ce qu'elle a donc, ma chère maîtresse?... Je ne sais trop si le billet doux de M. Georges sera bien reçu... — Ah! ma fois, tant pis!... — Après tout, qu'est-ce que je risque?

Puis elle reprit à haute voix :

— Alors, madame la comtesse m'autorise à me retirer?...

— Oui.

— Je dois, auparavant, m'acquitter d'une commission dont je suis chargée.

— Pour moi ?

— Pour madame la comtesse.

— Faites vite, je veux être seule.

Mademoiselle Flore tira de la poche de son tablier de soie le billet que nous connaissons et le présenta à la jeune femme.

— Qu'est-ce que cela ? — demanda madame de Talmay sans avancer la main pour prendre le billet.

— Madame la comtesse le voit, c'est une lettre.

— De quelle part ?

La camériste, malgré tout son aplomb, se troubla involontairement sous le regard fixe et perçant que sa maîtresse attachait sur elle.

— Madame, — balbutia-t-elle avec embarras, — je ne sais...

— Comment ! — s'écria Marie ; — vous ne savez de quelle part vient ce billet que vous m'apportez ! !...

— C'est-à-dire, madame, j'ignore le nom de la personne qui me l'a remis...

— C'est peu vraisemblable, mademoiselle.

— Cependant, j'ai l'honneur d'affirmer à madame la comtesse que c'est l'exacte vérité...

— Je ne reçois point les lettres dont j'ignore l'origine et qui arrivent autrement que par la poste... — Remportez cela.

— Mais, madame...

— En voilà assez, mademoiselle. — Je vous le répète, laissez-moi seule...

La soubrette prit un grand parti.

— Madame la comtesse, — dit-elle, — je crois que je devine à peu près de qui vient le billet...

— Ah! vous devinez?

— Oui, madame.

— Parlez donc, et hâtez-vous...

— Je suppose... j'ai tout lieu de penser

que M. de Commarin pourrait bien en être l'auteur...

Les prunelles contractées de Marie lancèrent un éclair.

Mademoiselle Flore avait les yeux hypocritement baissés et ne vit pas l'expression menaçante du regard de sa maîtresse.

Madame de Talmay fit sur elle-même un violent effort, et reprit avec un calme apparent que démentait l'altération de sa voix :

— Soyez franche... — c'est M. de Commarin qui vous a remis ceci ?

— Eh bien, oui madame, je l'avoue.

— En vous le remettant, que vous a-t-il dit ?

— Que madame la comtesse avait le plus grand intérêt à connaître le contenu de ce billet...

— Et vous n'avez pas hésité à vous en charger ?

— J'ai beaucoup hésité, au contraire.

— Vous avez fini par vous décider, cependant ?

— Du moment que l'intérêt de madame la comtesse était en jeu, mon dévouement m'ordonnait d'accepter.

— Vous avez fait quelques suppositions, sans doute, au sujet de la démarche de M. de Commarin...

— Aucune, madame la comtesse. — Le

respect m'interdisait toute conjecture... Je ne me serais pas permis...

— De supposer que M. de Commarin m'écrivait avec mon autorisation, n'est-ce pas? — interrompit la jeune femme.

— Non, certainement, madame.

La comtesse ouvrit un petit meuble, y prit un rouleau de pièces d'or, et, mettant ce rouleau dans la main de Flore stupéfaite, elle lui dit :

— Mademoiselle, voici une année de vos gages. — Vous ne faites plus partie de mes gens...

— Madame la comtesse me renvoie! — s'écria la soubrette.

— Je me prive de vos services.

— En quoi donc ai-je eu le malheur de déplaire à madame ?

— Peu vous importe, mademoiselle. — Vous êtes payée. — Allez.

— Il suffit, madame, — répliqua Flore. — Demain matin j'aurai quitté le château.

— J'y compte.

— Madame la comtesse me regrettera, murmura la soubrette avec une insolence contenue.

— J'en doute.

— Et moi j'en suis sûre. — Je présente mes respects à madame, et je la prie de recevoir mes adieux, puisque je n'aurai plus sans doute le bonheur de la revoir.

Marie fit un léger signe de tête sans répondre.

Mademoiselle Flore se dirigea vers la porte, après avoir déposé sur la tablette de la cheminée le billet de Georges.

Madame de Talmay s'aperçut de ce détail.

— Vous oubliez quelque chose, — dit-elle.

— Je ne crois pas, madame.

— Cette lettre...

— Elle est arrivée à son adresse.

— Je vous ordonne, mademoiselle, de la reprendre et de la rendre à la personne de qui vous la tenez...

— J'aurai l'honneur de faire observer à madame la comtesse que, n'étant plus à son service, je n'ai désormais aucun ordre à recevoir dans cette maison... — Je me suis chargée de remettre ce billet; je l'ai remis, le reste ne me regarde pas.

Après cette dernière réponse, la soubrette qui ne se donnait plus la peine, — ainsi qu'on vient de le voir, — de déguiser son impertinence, fit une révérence ironique et sortit de la chambre.

— Ainsi, — balbutia la comtesse, — voilà donc les créatures odieuses, — voilà donc les dangereuses vipères à qui tant de pauvres femmes imprudentes confient l'honneur de leur nom et le repos de leur vie entière !... — Ah ! cela fait peur et cela fait honte !... — Qui m'eût dit, il y a deux heures, que je marchais à mon insu sur le bord du plus effrayant de tous les abîmes !... — J'ai couru un immense péril ; mais, grâce au ciel, je suis sauvée !

En ce moment les yeux de Marie s'arrêtèrent sur le billet que mademoiselle Flore avait refusé si catégoriquement de reprendre.

— Ma tante avait raison, — pensa la jeune femme, — les hommes ne reculent devant aucune audace !... Il a osé m'écrire ! — A-t-il donc espéré que je lirais sa lettre ?

La rougeur de l'indignation vint colorer le front et les joues de madame de Talmay tandis qu'elle songeait à la présomption offensante de M. de Commarin.

Elle résolut aussitôt de rendre le billet tout cacheté. — Georges, en le recevant, comprendrait sans doute combien sa tentative avait été vaine et insensée.

Le rendre... — mais comment ?

Marie mit son imagination à la torture en cherchant un moyen admissible et n'en trouva pas. — Tous ceux qui se présentèrent à son esprit lui semblaient au plus haut point compromettants et l'étaient en effet.

Cependant, elle voulait en finir avec ce billet...

— Je le brûlerai, — se dit-elle.

Et, le prenant par l'un de ses angles avec une sorte d'effroi, comme si son contact seul eût été dangereux, elle le présenta à la flamme de l'une des bougies.

Le papier, épais et satiné, ne s'alluma point, et se carbonisa sur une surface très restreinte, lentement et d'une façon presque imperceptible.

Marie frappait du pied avec impatience en voyant que son œuvre de destruction n'avançait pas.

— Il faut déployer ce papier pour qu'il s'enflamme... — pensa-t-elle. — Qu'importe que le cachet soit brisé, puisque je ne lirai pas une seule ligne du contenu?...

La cire rouge, portant l'empreinte du blason de Georges, se rompit sous les doigts fiévreux et frisonnants de la jeune femme.

Un regard involontaire lui permit de voir que la lettre était longue, d'une écriture fine et quelque peu indécise... — Peut-être l'émotion avait-elle fait trembler la plume dans les doigts de M. de Commarin.

Marie se reprocha ce regard, dont cependant sa volonté ne s'était pas rendue complice.

Pour la deuxième fois elle allait présenter le papier déployé à la flamme qui le dévorerait en moins d'une seconde.

Cette seconde lui manqua.

Un pas rapide, qu'elle reconnut à l'instant pour celui de son mari, se fit entendre dans la galerie. — La porte s'ouvrit... — M. de Talmay entra dans la chambre.

Marie, comme une coupable qui veut cacher à tous les yeux la preuve de sa faute, venait de froisser entre ses doigts et de glisser précipitamment dans son sein le billet fatal.

Le comte Henri la trouva debout devant la cheminée, pâle, troublée, presque tremblante.

Au premier regard, il remarqua cette agitation et cette pâleur.

— Ma chère enfant, — demanda-t-il avec le ton d'un affectueux intérêt, en s'avançant vivement pour soutenir sa femme, — qu'avez-vous donc?... Êtes-vous souffrante?

— Oui... — balbutia Marie à qui la question de son mari offrait un moyen facile et naturel d'expliquer son trouble, — oui... un peu... depuis un instant.

— Qu'éprouvez-vous?

— Je ne saurais le définir... — C'est un malaise vague et général... une sorte d'oppression, des éblouissements.

— Rien de grave, enfin, j'espère?

— Oh! non. Rassurez-vous, mon ami. — Il me semble même que ce malaise se dissipe déjà.

— Il faut sans doute attribuer cette passagère souffrance à la pesanteur de l'atmosphère... — L'air est saturé d'électricité, et je crois pouvoir vous annoncer un prochain et violent orage. — Regardez le ciel, chère enfant.

Madame de Talmay tourna machinalement ses regards vers la fenêtre ouverte.

Depuis le coucher du soleil, de gros nuages, d'une teinte livide et cuivrés par places, avaient envahi l'horizon... — De grands éclairs silencieux rayonnaient d'instant en instant dans leurs profondeurs.

— Vous voyez que l'orage est imminent, — reprit M. de Talmay. — Ceci suffirait, et au-delà, avec une nature nerveuse et impressionnable comme la vôtre, pour expliquer les éblouissements et l'oppression dont vous vous plaignez... — Dites-moi, Marie, vous sentez-vous assez courageuse pour assister au souper, malgré votre état de souffrance, ou dois-je vous excuser auprès de nos convives ?

— Je suis prête à descendre, — répondit sans hésiter la jeune femme.

— Tant mieux, car votre absence aurait mis une grande tristesse dans un repas qui sera joyeux, du moins je l'espère. — J'étais venu vous offrir mon bras pour vous conduire au salon.

— Ma tante en fait les honneurs, n'est-ce pas ?

— Oui, sans doute, — répliqua le comte avec un sourire. — Mais la baronne, malgré tous ses mérites, ne vous remplace que très imparfaitement... — Ces messieurs, d'ailleurs, ont un appétit de chasseurs, ce qui n'est pas peu dire ; vous êtes donc attendue avec une double impatience, puisqu'on ne saurait se mettre à table sans la maîtresse de la maison.

Madame de Talmay lissa en une seconde ses beaux cheveux blonds, dont un gracieux désordre faisait encore valoir l'opulente splendeur ; puis elle appuya sa main sur le bras de son mari en disant :

— Me voici.

Henri et Marie longèrent la galerie que nous connaissons, descendirent le somptueux escalier à rampe de marbre, et arrivèrent au salon où se trouvaient réunis les hôtes du château de Talmay.

VI

Silhouettes et photographies.

Nous allons devancer Henri de Talmay et sa femme, et présenter à nos lecteurs quelques-uns des principaux personnages réunis dans le salon.

Nous savons que les hôtes du château

étaient en ce moment au nombre de huit ou neuf, et nous avons entendu mademoiselle Flore parler d'eux à la baronne de la Margelle.

Il faut nommer d'abord Georges de Commarin.

Celui-là, nous le connaissons déjà, et nous ne tarderons guère à nous occuper de lui plus longuement.

Nous ne citerons que pour mémoire le marquis de Vezay, le comte de Sauteuil, le comte et le vicomte de Cussy, riches gentilshommes bourguignons, fort notables comme grands propriétaires, comme veneurs et écuyers de premier ordre, mais simples comparses dans ce récit.

Restent le procureur du roi, le receveur général et le docteur Herbelin.

C'était à titre d'ami et non point comme magistrat que le premier d'entre eux, le baron d'Autrichard, se trouvait au château. — Appartenant à une vieille et illustre famille de robe qui jadis avait eu la gloire de donner deux premiers présidents au Parlement de Paris, — âgé de trente-huit ans à peine, – possesseur d'une belle fortune, — doué d'une haute intelligence unie à la plus exquise loyauté, — sachant tempérer par des formes dont l'urbanité parfaite ne se démentait jamais, les inflexibles rigueurs de la loi qu'il représentait, le baron se trouvait appelé, sans aucun doute, aux destinées les plus brillantes, et ses amis entrevoyaient pour lui, dans l'avenir, la simarre de garde des sceaux. — Nous devons ajouter que M. d'Autrichard partageait, à cet égard, les espérances de ses amis et les regardait comme tout à fait légitimes.

Sa taille haute et bien prise ne manquait ni de souplesse ni d'élégance. — Un sourire bienveillant corrigeait l'expression parfois hautaine de son visage aux traits réguliers et caractérisés. — La calvitie précoce résultant de ses continuels travaux et la coupe sévère de ses favoris, le faisaient paraître plus âgé de quelques années qu'il ne l'était réellement.

Il attendait pour songer au mariage que sa nomination au poste élevé de procureur général lui permît d'aspirer à la main de la fille d'un pair de France ou d'un ministre.

Nous devons ajouter que le procureur du roi, doué d'une parole facile et brillante, aimait un peu trop à se montrer orateur et que parfois, dans un salon, sa conversation prenait à son insu des allures de réquisitoire.

Grand amateur d'équitation et de vénerie, il ne pouvait adopter le costume de chasse dont la désinvolture lui semblait incompatible avec la gravité de ses fonctions... — Il remplaçait ce costume par un pantalon gris de fer ajusté sur des bottes à éperons, et une redingote noire serrée à la taille.

Le receveur général, Félix de Lesparre,

gros viveur d'une quarantaine d'années, médiocrement spirituel, prodigieusement égoïste et toujours de joyeuse humeur parce que tout lui réussissait, disait à qui voulait l'entendre qu'il vivrait et mourrait garçon parce que dans sa famille, depuis quatre ou cinq générations, les maris avaient dû subir invariablement et fatalement ces infortunes conjugales que Molière raillait si gaiement avec la mort dans le cœur.

— Je profiterai de l'expérience de mes ancêtres, — ajoutait-il, — je ne m'exposerai point à ce qu'ils n'ont pas eu la sagesse d'éviter.

M. de Lesparre, tout rond, tout joufflu, tout blond et tout rose, se recommandait par les raffinements de son élégance, par le luxe de sa maison, par les mérites incontestables de son cuisinier, par la variété des vieux vins des premiers crus qui remplissaient sa cave, et qu'il prodiguait libéralement dans ses petits soupers régence. — Il allait chercher lui-même en Angleterre ses chevaux et ses voitures, et l'entretien de son écurie lui coûtait vingt-quatre mille francs par an.

L'une des ambitions du receveur général était de passer pour un homme à bonnes fortunes. — Nous disons *passer*, car le brave garçon se faisait volontiers le *Jupiter* de ces *Danaés* que la pluie d'or rend trop facilement accesssible.

Peut-être s'étonnera-t-on de rencontrer un roturier sans fortune, comme le docteur, admis sur le pied d'une égalité absolue et d'une intimité complète parmi ce monde riche et blasonné.

Rien de plus simple cependant.

Martial Herbelin, fils d'un très modeste et très pauvre expéditionnaire de la préfecture, avait débuté au collége de Dijon avec une bourse entière accordée par le préfet qui s'intéressait à son employé.

Martial, par la force des choses, s'était donc trouvé le camarade des enfants des principales familles de la province.

Sur les bancs de l'école, les rangs disparaissent et les inégalités sociales s'effacent et semblent de vaniteuses et incompréhensibles chimères.

La première place n'appartient ni au plus

noble, ni au plus riche, mais au plus travailleur, au plus intelligent, au meilleur.

Cette place, Martial la conquit dès son entrée, et la garda sans peine.

Ses professeurs disaient de lui : — *C'est un aigle !* — et ses professeurs avaient raison.

Chaque année, — au grand jour de la distribution des prix, — on entendait retentir dix fois de suite le nom de Martial Herbelin, au milieu des fanfares, des acclamations et des bravos.

Chose bien autrement remarquable que les succès eux-mêmes, si réitérés et si brillants qu'ils fussent, le jeune garçon trouvait moyen de se faire pardonner par ses condisciples son écrasante supériorité. — Il se montrait si peu enorgueilli de ses palmes et de ses couronnes, il était si joyeusement boute-en-train aux heures des récréations, si gaiement tapageur, si cordial dans ses amitiés, si brave et si loyal, que chacun ressentait pour lui une estime et une affection sans bornes.

Lorsque ses études classiques furent achevées, Martial, ayant à choisir entre plusieurs voies, se décida pour la carrière médicale, vers laquelle l'entraînait une très sérieuse vocation.

Il alla suivre les cours de la Faculté de Paris, — il passa des examens éclatants, — il devint l'élève favori et le secrétaire intime de l'un des *princes de la science*. — Une petite partie de la célébrité de ce grand homme rejaillit sur lui. — Quelques publications remarquables achevèrent de le mettre en évidence, et lorsque, au bout de trois ou quatre ans, il reparut dans sa ville natale avec un nom presque célèbre, ses compatriotes lui surent un gré infini d'abandonner les succès certains que lui promettait Paris pour revenir se consacrer à eux.

Les amitiés de collége se ravivèrent, chaudes et dévouées comme aux beaux jours de la première jeunesse. — Martial, devenu le médecin à la mode, eut à l'instant même la plus nombreuse et la plus riche clientèle, et se retrouva le camarade de ses clients aristocratiques.

Homme du monde par son éducation, par

ses relations parisiennes, par sa nature facile et communicative, le jeune docteur partagea sa vie entre le travail et le plaisir. — Non-seulement bien accueilli, mais recherché partout, il fut l'hôte assidu des salons et des châteaux, mais il se montra prêt sans cesse à quitter une fête pour courir au chevet des plus pauvres de ses malades, et bien souvent, dans les longues nuits d'hiver, abandonnant le bal avec héroïsme au plus beau moment, il s'installait devant la table de chêne chargée des in-quarto de la science ancienne et des in-octavo du savoir moderne, et la lampe éclairant sa veillée studieuse ne s'éteignait guère avant le jour.

Martial Herbelin n'était pas moins remarquable au physique qu'au moral.

De haute stature et taillé en force, il avait les épaules et la poitrine larges d'un athlète, en même temps que ses pieds et ses mains offraient une petitesse et une forme vraiment patriciennes. — Une épaisse chevelure, naturellement bouclée et d'un brun fauve, couronnait son front vaste et rayonnant d'intelligence. — Son visage, plutôt laid que beau, mais d'une laideur attrayante et sympathique, se recommandait par l'admirable limpidité du regard et par la grâce du sourire. — Des lèvres rouges et charnues, découvrant des dents bien rangées et d'une blancheur éblouissante, exprimaient tout à la fois l'esprit et la bonté, — chose rare !

Nullement vaniteux, mais parfaitement convaincu de sa propre valeur, Martial n'avait consenti à vivre dans le monde aristocratique que parce qu'il se savait certain de s'y trouver admis sur ce pied de complète égalité que nous avons signalé déjà.

Non-seulement cette égalité existait, mais encore le jeune docteur possédait certains priviléges conquis par lui tout d'abord ; — il jouissait d'un franc-parler absolu que sa courtoisie naturelle contenait dans de justes bornes, et ses amis acceptaient de sa part une franchise et parfois même une rudesse de langage que, de la part de tout autre, ils auraient refusé d'admettre.

Nos lecteurs connaissent maintenant Martial Herbelin aussi bien que nous le connaissons nous-mêmes.

Au moment où Henri de Talmay quittait

le salon pour aller chercher la comtesse, deux groupes bien distincts occupaient deux points différents de la vaste pièce dont le plafond peint à fresque et les splendeurs Louis-quatorzième contrastaient vigoureusement avec le style bâtard et mesquin des parties plus modernes du château.

Le premier de ces groupes se composait du marquis de Vezay, de MM. de Cussy et du comte de Sauteuil. — Ces honorables sportmen faisaient leur cour à Sylvanire, qui, gracieusement étendue dans un fauteuil, jouait de la prunelle et de l'éventail (le bel éventail peint par David), et prodiguait à ses cavaliers servants toutes sortes de petites mines enfantines et de jolis sourires ornés de dents d'un émail irréprochable.

Quelques-uns de ces gens malencontreux qui semblent créés tout exprès pour ne voir en ce monde que le mauvais côté des choses, suspectaient l'authenticité des dents de Sylvanire.

Outrageux soupçons que rien ne venait justifier.

Les dents de la douairière étaient bien à elle, — elles lui appartenaient d'autant mieux, que madame de la Margelle les avait achetées et payées comptant, ainsi qu'au besoin les factures des William Roger de 1829 en auraient fait foi.

On connaît la criante injustice de la plupart des jugements de ce monde. Ceci nous paraît une preuve nouvelle à joindre aux preuves acquises déjà.

Bref, avec son entourage de galants cavaliers, la baronne était aux anges. — Des saillies inconcevablement spirituelles se pressaient sur ses lèvres, et je vous affirme qu'en l'écoutant on se prenait à regretter qu'elle n'eût pas vingt ans de moins.

Cependant, à la satisfaction de la baronne il manquait quelque chose. — Ce quelque chose était la présence de M. de Commarin.

De minute en minute, Sylvanire lançait un regard dans la direction du second groupe dont Georges formait le centre, et qui se composait du procureur du roi, du receveur général et du docteur. — Un petit soupir, modulé selon toutes les règles du sentiment, accompagnait ce regard.

Les quatre hommes s'étaient isolés dans

la profonde embrasure de l'une des fenêtres, et c'est à peine si le murmure de leurs voix arrivait jusqu'à la coquette douairière.

Martial Herbelin, condisciple de Georges sur les bancs du collége, avait conservé l'habitude de le tutoyer. — Il éprouvait pour lui, d'ailleurs, la plus chaude et la plus sincère affection ; ce qui ne l'empêchait pas de lui faire, dans certaines circonstances, une opposition très vive.

— Monsieur de Commarin... — dit le baron d'Autrichard en continuant une conversation commencée depuis un instant, — je regrette pour vous que vous n'ayez point assisté à la curée, — elle était véritablement fort belle.

— Où donc étiez vous, Georges? — demanda le receveur général.

— J'avais perdu la chasse, répondit le jeune homme.

— Voilà qui est singulier. — Les chiens n'ont pas cessé un seul instant de donner de la voix et les piqueurs de les appuyer de leurs trompes. — Comment diable avez-vous fait pour vous égarer, vous qui connaissez si bien les forêts de ce pays?

— Il me serait difficile de l'expliquer...— Un moment de distraction sans doute... —

— Une distraction un peu longue!... — reprit M. de Lesparre. — Elle est en effet inexplicable.

— Ne le questionnez pas, — dit Martial,

— vous n'en tirerez absolument rien... — Mon ami Georges est aujourd'hui une énigme vivante, — un mystère en habit de chasse...

— Moi ! — s'écria Georges en riant.

— Toi-même, parbleu !

— Et comment cela ?

— Messieurs, soyez témoins et juges. — Je te mets au défi, mon cher Georges, de justifier de l'emploi de ton temps, à partir de l'heure précise où tu as *perdu la chasse*, ainsi que tu viens de le dire.

— En vérité, répliqua M. de Commarin sans la moindre nuance d'embarras, — je ne te comprends pas.

— Pourrais-tu nous expliquer comment et pourquoi, il y a deux heures, au moment où je venais de mettre pied à terre auprès du carrefour des six chemins pour rajuster une de mes sangles, je t'ai vu passer dans une des allées latérales, poussant ton cheval à sa plus rapide allure et tournant précisément le dos à la meute qui faisait tapage à un demi-quart de lieue de là?... — Je t'ai hélé de toutes mes forces, mais tu courais si vite que tu ne m'as pas entendu, ou tout au moins que tu n'as pas voulu m'entendre... — Où allais-tu?...

— Voilà une question à laquelle il me devient non pas difficile, mais impossible de répondre.

— Ah bah !... et pour quelle raison?...

— Pour la meilleure de toutes. — Je n'allais nulle part, ou plutôt je ne savais pas où j'allais... — Mon cheval était emporté.

— Comment! — s'écria Martial en riant, — toi, le meilleur écuyer de nous tous, tu te laisses emporter par ta monture comme un collégien en vacances ! — Si tout autre que toi l'avait dit, je ne l'aurais pas cru !...

— Tu aurais eu tort, — répondit Georges avec bonne humeur, — tu connais l'affirmation d'un vieux vers devenu proverbe :

Le vrai peut quelquefois n'être pas vraisemblable...

En même temps, le jeune homme, se penchant vers Martial et lui serrant la main doucement, murmura à son oreille, de façon à n'être entendu ni du procureur du roi ni du receveur général :

— Plus un mot à ce sujet, je t'en prie.

Le docteur, un peu surpris de la recommandation, allait cependant s'y conformer et donner à la conversation un autre tour; mais cet acte de condescendance pour son ami devint inutile.

Un domestique du château entra dans le salon, s'approcha de Georges et lui dit en lui présentant une lettre :

— Le valet de chambre de M. de Commarin vient d'apporter ceci de Dijon... — il a fait la route à franc étrier.

— Messieurs, — dit Georges, vous permettez.

Il s'éloigna de quelques pas et brisa le cachet.

Si parfaitement maître de sa physionomie

que fût notre héros, il ne put empêcher un pli profond de se creuser entre ses sourcils, tandis que ses yeux parcouraient rapidement le contenu de la lettre, en tête de laquelle se trouvaient imprimés ces mots :

J. BLANCHARD,

avoué,

Rue Vauban, 13,

Dijon.

En même temps, une irrésistible contraction nerveuse faisait frissonner ses lèvres.

La missive de l'avoué n'avait pas moins de deux grandes pages.

Les voici :

« Monsieur et cher client,

« Mauvaises nouvelles. — Les tiers porteurs des deux billets de trois mille francs chacun ont signifié leur commandement dans la journée. — Votre mobilier sera saisi demain matin infailliblement, ainsi que vos voitures et vos chevaux.

« Ceci n'est rien. — Les ressources de la procédure me permettent de jeter encore un certain nombre de bâtons dans les roues de ces créanciers et de retarder la vente pendant quelques semaines.

« Ce qui est plus grave, c'est l'affaire de la lettre de change de douze mille francs. — Le jugement entraîne, comme vous le savez, *contrainte par corps*, et il est définitif. — Les pièces sont arrivées de Paris ce matin chez l'huissier chargé de remplir les fonctions de garde du commerce ; — il a reçu en même temps les instructions les plus formelles et les ordres les plus rigoureux ; — il agira donc sans perdre un instant, et, pour commencer, il a signifié son commandement dans l'après-midi.

« Je vous écris en toute hâte pour vous prévenir de cette fâcheuse extrémité, afin de vous mettre sur vos gardes et de vous engager à ne pas revenir à Dijon. — Vous seriez arrêté en arrivant, et une fois sous les verrous de la prison pour dettes, comment en sortir ?

« Je n'ai qu'un seul conseil à vous donner, mais il est bon. — Gagnez la Suisse, et de Genève ou de Lausanne, écrivez à vos créanciers pour leur dire de s'adresser à moi, en ajoutant que vous m'avez laissé pleins pouvoirs d'accepter ou de proposer un arrangement. — Peut-être, vous voyant à l'étranger et hors de leur atteinte, consentiront-ils à transiger.

« Sans perdre un seul jour, je ferai toutes les démarches nécessaires pour réaliser les derniers débris de votre belle fortune qui n'existe plus, si toutefois il reste encore quelque chose à réaliser... — Un acquéreur se présente pour votre terre de Bligny-sur-Ouche. — Je ne désespère point de faire arriver cet acquéreur à un chiffre qui dépassera de quelques milliers de francs la somme totale des hypothèques; mais pour cela il est indispensable que vous soyez à l'abri, car, dans le cas contraire, notre homme ne se ferait aucun scrupule de profiter de votre situation, en attendant la vente par autorité de justice, qui lui laisserait la terre à vil prix.

« Je n'ai pas encore d'amateurs pour les domaines de Lamarche-sur-Saône, également hypothéqués jusqu'à concurrence de la presque totalité de leur valeur. — De ce côté-là, les paysans sont riches, — peut-être un morcellement donnerait-il des résultats plus satisfaisants qu'une adjudication en bloc. — Nous verrons, et vous savez bien que je négligerai rien pour agir au mieux de vos intérêts.

« Enfin, quoi qu'il arrive, il me paraît que la liberté en Suisse est infiniment préférable à la captivité en France.

« Partez donc au plus vite, monsieur et

cher client, et faites moi savoir où je dois vous adresser de nouvelles nouvelles. — L'énergie des recommandations de vos créanciers est telle, qu'il me paraît indispensable que vous ayez passé la frontière d'ici à quarante-huit heures au plus tard.

« Agréez... etc. »

Pendant quelques minutes, Georges resta anéanti et atterré par cette lettre.

Certes, le jeune homme se faisait peu d'illusions sur sa situation réelle, cependant il ne la croyait pas à ce point désespérée.

L'histoire de M. de Commarin est de celles qui peuvent s'analyser en dix volumes ou se raconter en quelques lignes.

Fils unique, — dernier rejeton d'une très

vieille et très noble famille bourguignonne, — resté maître, à sa majorité, d'une fortune de vingt mille livres de rente et du joli châ- de Bligny-sur-Ouche, Georges, que sa belle intelligence et les qualités réelles de son cœur semblaient destiner à une existence d'un tout autre genre, alla passer deux ou trois années à Paris, s'y lança dans le monde des viveurs et des pécheresses, mena grand train et dévora la moitié de son capital.

Un matin, par hasard, il fit ses comptes, et fort épouvanté du désarroi financier qu'ils mirent sous ses yeux, il prit tout aussitôt le parti de revenir en Bourgogne pour y réaliser des économies.

L'intention était sage, mais de l'intention au fait il y avait loin.

Georges ne put résister au désir d'éblouir ses compatriotes par les magnificences d'un luxe tout parisien. Il y réussit à merveille, et son bon goût fut universellement reconnu et proclamé; seulement, ces vaniteuses satisfactions achevèrent avec une promptitude inouïe l'œuvre si facile de sa ruine.

Un jour vint où M. de Commarin se trouva avoir hypothéqué jusqu'au dernier sillon de ses champs, jusqu'au dernier pan de mur de son château, jusqu'au dernier hangar de ses fermes.

Il ne s'arrêta pas en si beau chemin.

A l'emprunt loyal et légal, qui se formule par-devant notaire et qui paie au grand jour un intérêt honnête, succéda l'emprunt ténébreux, pour lequel les traquenards de l'usure s'abritent derrière la forme inattaquable du billet à ordre et de la lettre de change.

L'épître de l'avoué Blanchard nous a donné le dernier mot de cette situation. Il est donc inutile de nous appesantir plus longtemps sur des faits connus par leurs conséquences.

D'un seul coup d'œil, et pour la première fois, Georges de Commarin entrevit, en lisant cette épître, la profondeur vertigineuse de l'abîme dans lequel il s'était jeté de gaieté de cœur.

Qu'allait-il devenir ?

Forcé de s'expatrier s'il voulait éviter la prison, quel avenir serait le sien ? — Jusqu'à ce moment il s'était bercé d'illusions, non sur sa fortune, mais sur son avenir. — Il avait admis la possibilité, la probabilité même de nouveaux emprunts qui lui permettraient de faire prendre patience à ses créanciers grâce à quelques à-compte.

— Je gagnerai du temps, — se disait-il, — on trouvera pour moi sans peine un poste bien rétribué, compatible avec mon nom et mes habitudes... — une préfecture, par exemple... — A quarante ans mes folies de jeunesse seront oubliées, et alors un riche mariage viendra me remettre à flot...

Du haut de ces rêves décevants, Georges tombait brusquement dans la réalité.

L'exaspération de ses créanciers ne lui

laissait le choix qu'entre la prison pour dettes et la fuite.

Or, la fuite elle-même devenait impossible. — On ne s'expatrie pas sans argent, et nous savons que Georges avait mis ses derniers dix louis dans la main de mademoiselle Flore en même temps que la lettre destinée à la comtesse de Talmay...

Il comptait, pour se procurer des ressources nouvelles immédiates, sur la vente d'un certain nombre de bijoux et d'objets d'art conservés par lui jusqu'alors, — et voilà que ces épaves suprêmes allaient se trouver saisies ! — Tout lui manquait donc à la fois.

D'ailleurs, Georges ne voulait point partir.

— L'idée de quitter la France, l'idée même

de s'éloigner de la Bourgogne, l'épouvantait plus que la prison pour dettes elle-même.

Après les nombreuses aventures qui lui avaient fait la réputation d'un irrésistible Lovelace, — réputation que nous avons entendu Sylvanire constater avec tant d'enthousiasme, — après avoir persuadé aux autres et s'être à peu près persuadé à lui-même qu'il était blasé, Georges, envahi pour la première fois de sa vie par une passion sérieuse et profonde, écoutait avec une sorte de stupeur les battements de son cœur et s'étonnait d'avoir pris si longtemps le caprice et la fantaisie pour de l'amour.

Seulement, il lui arrivait ce qui arrive à tous les hommes dont les trop faciles succès ont dépravé l'imagination et faussé le sens moral, — quelque chose manquait à son amour, — c'était ce sentiment pur et sacré qui sanctifie la passion même lorsque la passion est coupable, — c'était le respect.

N'ayant point rencontré de résistance invincible, Georges ne croyait pas à la résistance... — N'ayant jamais lutté contre une inébranlable vertu, Georges doutait de la vertu.

De là cette façon de procéder ultra-cavalière dont nos lecteurs ont pu s'étonner à bon droit; — de là cette lettre confiée à la camériste de la comtesse, ni plus ni moins qu'à la soubrette d'une femme vingt fois compromise. — Rien au monde n'était plus naïvement imprudent, on en conviendra.

Hâtons-nous d'ajouter que certains roués

de profession sont bien souvent plus naïfs qu'on ne pense.

Il existe un roman intitulé : *Les roués innocents*.

Je ne sais ce qu'est le livre, mais le titre est charmant; surtout il est vrai, et il peut recevoir des applications nombreuses.

Georges se croyait aimé de Marie. — Il avait pu constater à plus d'une reprise l'émotion imparfaitement dissimulée que sa présence apportait à la jeune femme... — Il avait surpris des rougeurs soudaines auxquelles il ne s'était point fait faute d'attribuer une signification flatteuse pour son amour-propre.

L'idée de perdre à tout jamais l'avenir

d'une femme et de briser irrévocablement peut-être une vie aussi belle et aussi hautement placée que celle de la comtesse, ne se présentait point à lui, ou tout au moins ne l'effrayait pas.

— J'aime et je suis aimé, — se disait-il, — qu'importe le reste?...

Telles étaient les dispositions de Georges de Commarin au moment où la lettre de l'avoué Blanchard vint sonner à son oreille le glas funeste de sa ruine absolue.

Le jeune homme ploya d'abord sous ce choc, comme s'il recevait la nouvelle de quelque catastrophe inattendue, et véritablement il s'était si bien étourdi jusqu'à cette heure, que l'éclatante vérité lui semblait obscure et douteuse encore ; mais l'aventureuse insouciance qui formait le fond de son caractère triompha bien vite d'un abattement passager.

— Le hasard, ce dieu bienfaisant, vient parfois en aide à ceux qui n'ont plus d'espoir qu'en lui, — murmura Georges. — D'ailleurs, — ajouta-t-il en souriant, — s'il faut en croire un vieux proverbe souvent cité, l'amour me doit et m'accordera les mêmes compensations qu'au joueur parfaitement dépouillé. — A chaque jour suffit son mal. — Aujourd'hui, je ne veux plus penser qu'à Marie... mon billet est entre ses mains sans doute, et si ma prière est exaucée par elle, dussé-je être demain exilé ou prisonnier, je trouverai mon sort assez beau.

Après avoir formulé sous la forme d'un

discret monologue les quelques réflexions qui précèdent, Georges froissa et glissa dans sa poche la malencontreuse lettre d'affaires et rejoignit le docteur et MM. d'Autrichard et de Lesparre.

La conversation roulait sur les péripéties de la chasse qui venait de s'achever et sur le grand appétit que les chasseurs avaient rapporté.

— Franchement, — disait le receveur général, — la charmante maîtresse de céans se fait un peu bien longtemps attendre !... — Nous allons la voir apparaître brillante et radieuse. Mais malgré ma galanterie bien connue, je préférerais ce soir un pâté de gibier et une bouteille de vieux chambertin à tous les falbalas de la terre !...

— Patience! — fit le procureur du roi en riant, — un plaisir différé n'en paraît que plus vif...

— Ce n'est pas d'un plaisir qu'il s'agit, — s'écria M. de Lesparre, — c'est bel et bien d'un besoin, mordieu! — Mon estomac affamé gémit et se désespère, et je vous jure qu'il maudit bien sincèrement les coquetteries de jolie femme qui retardent l'heure du souper...

— Alors, — répliqua le docteur, — ces malédictions portent à faux, car madame de Talmay n'est en aucune façon coquette.

— Ah! docteur, vous blasphémez! — Point coquette, ce serait un crime! — Moi, j'adore la coquetterie quand les tortures de la faim ne font pas de moi une sorte de sauvage tout disposé au cannibalisme.

Georges, Martial et le procureur du roi accueillirent en riant cette boutade.

M. de Lesparre poussa un énorme soupir, de la plus comique expression.

— Messieurs, — fit Georges en prenant le bras du gros homme, — pardonnez-moi si je vous enlève notre ami pour une seconde, j'ai deux mots à lui dire.

Et il emmena le receveur général à quelques pas.

VII

Le souper.

— Mon cher ami, — dit Georges à M. de Lesparre, — vous avez la réputation bien acquise d'être le meilleur garçon qui soit au monde...

— Oh ! le meilleur, c'est de l'exagération !

— fit le receveur général, d'autant plus flatté du compliment que le compliment était moins mérité, et ne devinant en aucune façon où son interlocuteur en voulait venir. — Mais, certainement, je suis bon garçon.

— Personne ne l'ignore, — reprit Georges, — on sait que vous êtes tout dévoué à vos amis.

— Qui dit amitié dit dévouement... — répondit le gros homme avec emphase.

— Et je crois pouvoir me flatter d'avoir quelque part à vos sympathies, — continua M. de Commarin. — Est-ce que je me trompe?

— Non, certes, — vous en avez une part énorme, — l'une des premières, mon cher Georges.

En même temps le receveur général saisit et serra la main du jeune homme.

— Alors, je serai le bienvenu à vous demander un service ?

Une moue involontaire vint gonfler légèrement les lèvres roses du gros homme.

— Ah ! ah ! — fit-il, un service... — vous voulez me demander un service ?

— Mon Dieu, oui.

Le receveur général fit sur lui-même un héroïque effort, et balbutia, en grimaçant un sourire :

— Eh bien, parole d'honneur, vous m'en voyez fort aise.

— Je n'attendais pas moins de vous, mon très cher.

— De quoi s'agit-il ?

— D'une bagatelle... — J'ai besoin pendant quelques jours et pour faire face à une nécessité pressante, — d'un peu d'argent...

M. de Lesparre ne souriait plus.

Néanmoins, il eut l'air de s'exécuter de bonne grâce, et il répondit, en portant la main à sa poche :

— C'est tout simple... — Enchanté de trouver l'occasion de vous être agréable... — Vous faut-il vingt-cinq louis ? — Justement, je crois bien que je les ai sur moi...

Un mouvement de Georges interrompit le geste commencé.

— Les vingt-cinq louis que vous m'offrez si gracieusement me seraient tout à fait inutiles... — répondit le jeune homme

— Combien vous faut-il donc ?

— Vingt mille francs.

En entendant formuler ce chiffre, M. de Lesparre tressaillit comme un homme piqué par un serpent, et fit deux ou trois pas en arrière.

— Vingt mille francs ! — répéta-t-il, — vingt mille francs ! — Diable, mon cher ami, savez-vous que c'est une somme !

— Insignifiante pour vous.

— Ne le croyez pas ! — Vingt mille francs ne sont insignifiant pour personne, vous le voyez par votre propre expérience, puisque vous en avez besoin et puisqu'ils vous font défaut.

— Oh! moi, je ne suis qu'un pur et simple propriétaire, et, comme tel, je puis facilement me trouver gêné ; mais votre situation de receveur général met chaque jour et à toute heure entre vos mains des sommes immenses.

— Qui ne m'appartiennent pas, et dont je dois compte à l'État, — interrompit M. de Lesparre.

— Je croyais vous avoir dit, — reprit Georges, — qu'il s'agissait d'un emprunt de quelques jours.

— Sans doute..... sans doute..... — Mais mon cher ami, on sait bien quand on emprunte, — on ne sait jamais quand on rendra.

— Doutez-vous de ma parole ?

— Que Dieu m'en garde! — Vous êtes très certainement de bonne foi, mais vous pouvez vous tromper.

Depuis un instant une rougeur vive colorait les joues pâles de Georges.

— Mon cher Lesparre, — dit-il avec un calme forcé, — vous plaît-il, oui ou non, de me rendre le service que je vous ai demandé ?

— Mon cher Georges, — répondit d'un ton mielleux le receveur général, — causons sérieusement.

— A quoi bon, puisqu'il ne s'agit que d'un *oui* ou d'un *non* ?

— Les affaires sont les affaires... — Tous les jours on prête vingt-cinq louis à un ami qui vient de les perdre à la bouillotte ; mais, quand il s'agit de vingt mille francs, il ne faut point agir à la légère. — Je suis un homme du monde, mais un homme du monde doublé d'un banquier... Si vous vous trouvez dans l'embarras je ne demande pas mieux que de vous obliger, seulement je tiens à avoir une garantie.

— Laquelle ?

— La plus simple de toutes, — une hypothèque sur l'une de vos propriétés... — Vous convient-il de me donner cette hypothèque ?

— Je ne le puis.

— Pourquoi ?

— Parce que mes propriétés sont grevées déjà.

— Très bien... — Mais alors, comment donc compteriez-vous vous y prendre pour me rembourser ?

— Blanchard, mon avoué, un honnête homme que vous connaissez sans doute, est convaincu que le produit des ventes volontaires qu'il va effectuer pour mon compte dépassera, et de beaucoup, le chiffre des créances hypothécaires.

— Blanchard peut se tromper... — Les évaluations des avoués sont presque toujours inexactes. — Ah çà ! mon cher Georges, j'avais bien entendu dire que vous étiez un peu gêné, mais je ne vous savais pas compromis à ce point.

— Cela ne m'inquiète guère... je me relèverai.

— Je l'espère pour vous de tout mon cœur... — mais, dites-moi, ces vingt mille francs vous sont donc indispensables?...

— Plus que vous ne sauriez l'imaginer, et je suis certain que vous ne me les refuserez pas lorsque vous saurez que je suis en butte aux menaces d'une contrainte par corps et forcé de passer la frontière si je n'ai demain la somme que je vous demande...

M. de Lesparre réfléchit pendant un instant.

— Écoutez, mon cher Georges, — dit-il ensuite, — je vais vous prouver jusqu'où va mon désir de vous être agréable... — Quoique mon écurie soit au grand complet, je vous offre cinq mille francs, si vous le désirez, de vos deux chevaux bais et de votre tilbury anglais... — Voulez-vous me les vendre?...

— Cela m'est impossible...

— Pour quelle raison?

— D'abord, la somme de cinq mille francs, que vous m'offrez libéralement de deux chevaux et d'une voiture qui m'en ont coûté douze mille, me serait absolument insuffisante pour me tirer d'affaire... — ensuite, chevaux et voitures se trouveront, demain matin, sous le coup d'une saisie. Il faut donc m'obliger purement et simplement, sans garantie et en vous contentant de ma parole d'honneur, ou me déclarer sans ambages et sans réticences que ma démarche est indiscrète.

— Mon cher Georges, — balbutia le receveur général avec embarras, — vous me voyez désolé... oui, désolé... — Vous me connaissez assez pour ne pas douter de moi... Je voudrais pouvoir... je serais heureux d'être à même... mais...

M. de Commarin interrompit le gros homme.

— N'en parlons plus, dit-il vivement.

— C'est cela même, — fit M. de Lesparre, n'en parlons plus. — Nous ne sommes pas moins bons amis pour cela, n'est-ce pas?...

— Parbleu ! — seulement, je vous demande le secret.

— Vous y pouvez compter tout à fait. — C'est bien le moins, — je serai muet comme la tombe.

Le receveur général achevait à peine de prononcer ces derniers mots lorsque la porte du salon s'ouvrit pour laisser entrer le comte et la comtesse de Talmay.

Leur arrivée fut le signal d'un grand mouvement. — Les hommes qui formaient le galant entourage de Sylvanire l'abandonnèrent aussitôt pour venir saluer la jeune comtesse.

Cette dernière devint pourpre au moment où M. de Commarin s'approcha d'elle, — mais celui qui causait cette émotion fut le seul à la remarquer.

Madame de la Margelle n'avait pas été la dernière à quitter sa place... — par une manœuvre habile elle se rapprocha de Georges.

La bonne dame n'agissait point ainsi sans intention. Nous connaitrons bientôt ses motifs.

Cependant Félix de Lesparre ne perdait ni une minute ni une seconde pour tenir la promesse de discrétion absolue que nous venons de lui entendre faire à notre héros.

Il avait rejoint le procureur du roi et le docteur Herbelin.

— A qui se fier, grand Dieu ! — murmura-t-il de manière à être entendu de l'un et de l'autre, — à qui se fier ! — Ma parole d'honneur, l'univers est une forêt de Bondy !

— Qu'avez-vous donc ? — lui demanda M. d'Autrichard.

— Ah ! mon cher baron, je suis anéanti ! — répliqua le gros homme en s'essuyant le front, — je viens de subir un formidable assaut ! — On se croit en sûreté dans les salons du meilleur monde. Eh bien, pas du tout!... — on s'aperçoit tout d'un coup que le terrain est hérissé de chausses-trappes et de piéges à loup!...

— Que voulez-vous nous faire entendre? — dit Martial à son tour. — Il me semble que vous parlez par énigmes. — Au nom du ciel, mon cher Lesparre, expliquez-vous clairement!...

— Eh bien, messieurs, vous voyez en moi la victime d'une tentative d'abus de confiance avec préméditation et circonstances aggravantes... — Savez-vous ce qu'avait à me dire Georges de Commarin tout à l'heure?...

— Non.

— Il voulait m'emprunter de l'argent, rien que cela!...

— Vous emprunter de l'argent?... Dans quel but? — fit le procureur impérial.

— Dans le but d'en avoir, parbleu !

— Je le croyais riche.

— Allons donc ! — il est ruiné, complétement ruiné ! — il se trouve sous le coup d'une contrainte par corps qui le force à se sauver à l'étranger comme un banqueroutier... — on saisit demain matin ses chevaux et ses voitures... — Vous voyez que le désastre est complet...

— Qui vous a dit tout cela ?...

— Lui-même.

— En vous demandant de l'argent ?

— Oui.

— En vérité, — répliqua le baron d'Autrichard avec un sourire, — voilà qui ne me paraît pas précisément constituer la tentative d'abus de confiance dont vous nous parliez à l'instant... — M. de Commarin, en vous initiant aux moindres détails de sa ruine, n'agissait guère de façon à vous éblouir par l'étalage d'un crédit imaginaire... — je trouve cela tout à fait loyal...

— Enfin, — demanda le docteur, — lui avez-vous prêté ce qu'il vous demandait?

— Par exemple! — je ne suis pas si sot!

— Alors, de quoi diable vous plaignez-vous?...

— Comment, comment! de quoi je me plains?... Il est toujours extrêmement désagréable d'avoir à subir des importunités de cette espèce, et j'espère bien qu'à l'avenir le comte de Talmay ne recevra plus ce pauvre diable de Georges.

— A vous parler franc, — dit sèchement Martial, — je doute très fort que votre espérance se réalise. — Les sympathies de M. de Talmay ne sont pas changeantes ; — il aime ses amis pour eux-mêmes et non point pour la fortune qu'ils ont conservée ou qu'ils ont perdue...

— Est-ce une leçon, docteur ? — s'écria M. de Lesparre en rougissant.

— En aucune façon. — Je ne donne de leçons que lorsque je crois avoir la chance qu'elles profitent à ceux qui les reçoivent.

— A la bonne heure !

— Et quelle est, je vous prie, la somme dont Georges paraissait avoir un si pressant besoin? — reprit Martial.

— Vingt mille francs, — ni plus ni moins. — Vous voyez que le chiffre est rond!

Le docteur quitta le receveur général et le procureur du roi, et, après avoir adressé successivement la parole à plusieurs personnes, il s'approcha de M. de Commarin.

— Georges, — lui dit-il brusquement, — crois-tu que je sois ton ami?

— Certes!...

— Et tu es le mien?

— Oui, et de tout cœur.

— Alors, tu ne me refuseras pas ce que je vais te demander?...

— Si ce que tu vas me demander est en mon pouvoir, tu peux compter d'avance que c'est fait...

— En ce moment, mon cher Georges, tu te trouves dans l'embarras.

— Moi ?

— Oui, toi.

— Comment le sais-tu ?

— Peu importe, — je le sais, cela suffit.

— Eh bien, c'est vrai, — l'embarras existe...

— Il te faut une somme de vingt mille francs pour t'en tirer...

— Je ne te demande pas qui te l'a dit...
— très évidemment l'indiscret est ce cuistre de Lesparre...

— Peu importe encore... — l'essentiel est qu'on me l'ait dit. — Mon cher Georges, je ne suis pas riche, — j'ai pu réaliser cependant quelques économies depuis mon installation à Dijon. — Ces économies représentent tout juste les vingt mille francs dont tu as besoin... — je me trouve très heureux, je te jure, de les mettre à ta disposition pour aussi longtemps que tu en auras besoin... — Tu me les rendras quand tu voudras, ou plutôt quand tu pourras... — Est-ce convenu ?...

Georges prit la main de Martial et la serra avec effusion.

— Cœur d'or !... — murmura-t-il à voix basse.

Puis tout haut :

— Mais cet argent, — ta seule ressource,

— peut se trouver compromis dans le grand écroulement de ma fortune...

— Je n'en crois rien... — J'ajouterai que je n'ai nul mérite à te le prêter, car j'ai la conviction que tu subirais sans regret toutes les privations imaginables plutôt que de ne pas me le rendre...

— Tu me juges bien... — Merci, Martial.

— Acceptes-tu ?

— J'accepte.

— A mon tour de te dire : Merci !... — Demain matin nous retournerons ensemble à Dijon, et sur un mot de moi mon banquier versera la somme entre tes mains.

Un soupir de soulagement s'échappa de la poitrine de Georges ; le jeune homme se sentait délivré du poids immense qui l'écrasait depuis un instant. — Sa liberté n'était plus menacée, — il évitait la honte de voir coller à sa porte ces ignobles affiches jaunes, inséparables compagnes d'une saisie mobilière. — Il pourrait aviser avec son avoué au meilleur parti à prendre pour sauver du naufrage les dernières épaves de sa fortune. — Enfin l'avenir se rassérénait relativement, et M. de Commarin se trouvait le maître de se donner à son amour, pendant quelques heures, tout entier et sans préoccupations.

Ces pensées et bien d'autres encore se succédèrent dans l'esprit de Georges en beaucoup moins de temps que nous n'en avons mis à les indiquer.

L'une des portes du salon s'ouvrit à deux

battants, et la voix sonore d'un valet en grande livrée prononça les mots sacramentels :

— Madame la comtesse est servie...

A cet instant précis, la baronne de la Margelle mit à exécution la manœuvre que nous l'avons vue préparer, en faisant preuve d'une habileté tout à fait supérieure.

Par une suite de marches et de contremarches combinées avec la justesse de coup d'œil d'un stratégiste consommé, elle était arrivée sans affectation à une dizaine de pas de Georges.

Deux glissades et trois petits sauts, légers comme ceux d'une nymphe d'Opéra, la portèrent tout à côté du jeune homme dont elle saisit le bras en s'écriant :

— Ah! monsieur de Commarin, je m'empare de vous, — je vous institue mon cavalier, — je vous place à table à côté de moi, et je ne vous rendrai pas de sitôt votre liberté!!

Sylvanire accompagna de ses minauderies les mieux choisies ces quelques mots auxquels Georges répondit avec une galanterie un peu forcée :

— Que parlez-vous de me rendre ma liberté, madame la baronne?... Je n'en veux pas... je n'en voudrai jamais!... Je serai trop heureux, cent fois trop heureux, d'être à perpétuité votre prisonnier, ou plutôt votre esclave!...

Madame de la Margelle, triomphante, entraîna le jeune homme, en s'avouant tout bas à elle-même qu'elle avait beau fouiller dans ses souvenirs et qu'elle n'y rencontrait rien de plus parfaitement séduisant.

Les regards de Georges s'attachaient avec une ivresse indicible sur les blanches épaules de Marie qui marchait devant lui, au bras du procureur du roi.

La salle à manger, de style Louis XIV comme le salon, offrait un merveilleux coup d'œil.

Elle était très vaste et très haute d'étage, avec des boiseries blanches à rinceaux dorés et un plafond pleint sur lequel on voyait, au milieu de légers nuages, de jeunes enfants en costumes d'amours se jetant joyeusement à la tête les fruits de toutes les parties du monde.

Un de ces lustres immenses et magnifiques

qui ne tiendraient plus dans les mesquins appartements des maisons modernes, se suspendait, tout ruisselant de lumières et de pendeloques, à la griffe dorée qui formait le point central du plafond.

Le linge damassé des Flandres, les porcelaines de Saxe et les cristaux de Bohême couvraient une large table carrée, supportant, au milieu des fleurs et des plats d'argent, dépositaires des merveilles de l'art culinaire, un surtout et des candélabres exécutés sur les dessins de Girodet.

La mythologie surannée du peintre prétentieux de *Pygmalion et Galatée* produirait aujourd'hui pour des yeux d'artiste, parmi les magnificences du grand siècle, l'effet d'une note fausse dans un morceau de Mozart ou de Rossini.

Mais, à l'exception peut-être de Georges de Commarin, personne, parmi les hôtes du château de Talmay, ne jouissait d'un coup d'œil bien positivement connaisseur.

Il ne nous paraît point utile d'indiquer ici minutieusement dans quel ordre se trouvaient placés les convives. — Disons seulement que la comtesse Marie avait à sa droite le procureur du roi et à sa gauche le marquis de Vezay, personnage muet.

Naturellement, à la droite de M. de Talmay trônait Sylvanire, auprès de laquelle Georges se trouvait installé, un peu malgré lui quoique de fort bonne grâce, et faisant de son mieux contre mauvaise fortune bon cœur.— Les compensations, d'ailleurs, ne lui manquaient pas. — Un peu trop près de lui, sans doute, la baronne étalait ses cheveux faux, ses pastels, ses épaules dévoilées et ses falbalas roses.

Mais en revanche, presque en face, ses regards pouvaient contempler le divin visage de madame de Talmay que son involontaire émotion rendait plus belle et plus attrayante encore, et qui n'osait presque lever les yeux, de peur de rencontrer ceux du jeune homme fixés sur elle.

Nous le savons déjà, et nous l'avons dit à plus d'une reprise, les chasseurs avaient rapporté de leur longue excursion équestre et cynégétique un formidable appétit. — Ceci nous explique le silence presque absolu qui régna pendant tout le commencement du repas.

Sauf quelques rares monosyllabes adressés au maître d'hôtel et aux valets chargés du service, on n'entendait d'autre bruit que celui des fourchettes se mettant en collaboration très active avec les mâchoires affamées.

A mesure que la soirée avançait, — la pesanteur de l'atmosphère allait en augmentant. — Pas un souffle d'air ne se glissait par les trois larges fenêtres ouvertes sur le parc... — L'éblouissante illumination intérieure faisait paraître plus compacte l'obscurité du dehors.

Soudain un grand éclair inonda de sa lumière blanche et aveuglante la cime des arbres et les profondeurs de la vallée. — Un coup de tonnerre retentit, et en même temps les flammes du lustre et celles des candélabres se prirent à trembler, fouettées par les premières bouffées de l'ouragan qui commençait.

Un faible cri de la comtesse avait répondu au coup de tam-tam donnant le signal à l'orchestre de la tempête.

Quant à Sylvanire, profitant avec habileté de l'émoi si naturel que la menaçante voix de la foudre cause au sexe *faible et charmant*, elle ne négligeait point de saisir à belles mains l'un des bras de Georges et d'appuyer presque sa tête sur l'épaule du jeune homme, en poussant de petits roucoulements de tourterelle effarouchée.

Les valets se hâtèrent de fermer les fenêtres, et tout rentra dans l'ordre... — seulement, les nappes de feu des éclairs et les grondements, tantôt sourds, tantôt stridents du tonnerre, se succédaient sans relâche, tandis que le vent faisait rage contre les vitraux.

Le premier appétit se calmait, — l'ouragan devint pour la conversation un thême facile et plein d'à-propos.

— Savez-vous, mon cher baron, — dit Henri au procureur du roi, — que nous risquons fort d'avoir le plus abominable temps du monde pour notre voyage nocturne !...

— Qui sait ? — répondit le magistrat. — J'ai vu de bien gros orages ne durer qu'une heure ou deux.

— Mon Dieu, messieurs, que dites-vous donc ? — s'écria madame de Talmay en s'adressant tout à la fois à son mari et au procureur du roi, — vous venez de parler d'un voyage nocturne... — J'espère que vous ne songez pas à vous mettre en route cette nuit?

— Je n'ai fait que vous entrevoir tout à l'heure, ma chère Marie, — répliqua le comte, — et le temps m'a manqué pour vous mettre au courant des modifications survenues dans les projets de M. d'Autrichard et dans les miens...

— Je ne puis approuver ces projets nouveaux, s'ils vous éloignent d'ici par un temps pareil... — interrompit la jeune femme.

— Madame la comtesse, — fit le procureur du roi en souriant, — je m'offre en holocauste à votre colère, et je me déclare humblement indigne de pardon... — Je suis le seul et le vrai coupable... — c'est moi qui vous enlève votre mari.

— Et comment cela, monsieur le baron?...

— Forcé par les servitudes de ma position de me trouver à Dijon demain matin au point du jour, pour préparer l'ouverture de la session qui commencera à huit heures, je comptais prendre congé de vous aujourd'hui dans l'après-midi, de façon à me réinstaller ce soir même à mon poste. — Le comte a mis une si bienveillante insistance à me retenir, que je n'ai pu lui résister. Désigné lui-même par le sort pour faire partie du jury, — il se trouve condamné comme moi à la plus rigoureuse exactitude. — Ni l'un ni l'autre nous n'avons le droit de faire attendre les accusés qui demain viendront s'asseoir sur la sellette de la cour d'assises. — En face de cette inexorable nécessité, le comte m'a dit ce matin, très gracieusement et très logiquement : — *Chassez avec nous, soupez avec nous, retardez enfin votre départ ; j'avancerai le mien, nous partirons ensemble, nous arriverons à Dijon vers le milieu de la nuit, j'irai me reposer pendant quelques heures à l'hôtel du Chapeau-Rouge, et vous aurez tout le temps de compulser vos dossiers et de prendre vos dernières notes...* — Un tel arrangement me convenait fort, et je l'acceptai sans hésiter... — Ceci, madame la comtesse, vous explique ce départ nocturne qui vous inquiète et qui cependant, sous aucun prétexte, ne saurait se remettre...

— Je comprends très bien tout cela, —

répondit madame de Talmay, — je n'ose insister pour vous retenir, trop certaine d'avance que je serais vaincue, et pourtant je voudrais le faire... — Entendez-vous siffler le vent?... — Il me semble que la tempête redouble de violence... — J'ai peur...

— Il faut combattre cette crainte, madame, car, permettez-moi de vous le dire, vos inquiétudes me paraissent tout à fait dépourvues de fondement... — D'ici à Dijon la distance n'est que de cinq lieues, et les routes sont excellentes et parfaitement entretenues...— D'ailleurs, — ajouta le procureur du roi en souriant, — la justice divine ne doit-elle pas aide et protection à sa sœur la justice humaine que M. de Talmay et moi ou les représentons en ce moment? — Rassurez-vous donc, madame, nous arriverons sains et saufs.

— Que Dieu le veuille! — murmura la comtesse.

— Il le voudra, madame, puisque vous le lui demandez. — Les prières des anges ne sont-elles pas toujours exaucées?

On applaudit à cette galanterie, et le docteur Herbelin ayant proposé de porter un toast en l'honneur des deux voyageurs, sa motion fut accueillie avec enthousiasme.

— Monsieur le baron, — demanda Marie de Talmay au bout d'un instant, — combien de jours durera la session?

— Hélas! madame, une semaine au moins.

— Si longtemps !

— Le rôle des affaires criminelles est malheureusement très chargé. — Rarement j'ai vu notre geôle encombrée de tant de prisonniers attendant leur arrêt.

— Mais au moins, — s'écria Sylvanire, — avez-vous quelques beaux crimes ?

Le procureur du roi sourit.

— Permettez-moi, madame la baronne de vous demander ce que vous entendez par un *beau crime ?* — Voilà deux mots qui, je dois l'avouer, me paraissent très étonnés de se trouver ensemble.

— Oui, oui, — répliqua la douairière, — dans le fond vous avez raison, mais je sais ce que je veux dire. — Un beau crime est un de ces assassinats bien mystérieux, bien étranges, bien sombres, bien compliqués, qui font frisonner d'épouvante et qui donnent la chair de poule... — quelque chose dans le genre de l'affaire Fualdès, par exemple. — Vous voyez cela d'ici, n'est-ce pas?

— En d'autres termes, n'est-ce pas, madame la baronne, plus un crime est effroyable plus il est beau?

— Précisément. Vous rendez ma pensée à merveille.

— Eh bien! nous n'avons pas cela. — La plupart de nos accusés sont des coquins vulgaires, sans la moindre couleur poétique; — presque toutes nos accusations roulent sur des faits du prosaïsme le plus complet :

— faux en écriture de commerce, — banqueroutes frauduleuses, — coups et blessures ayant occasionné la mort à la suite d'ignobles querelles de cabaret, — vols par des serviteurs à gages, etc., etc... — Une seule affaire intéressante se détache sur la platitude de l'ensemble.

— Un meurtre?

— Oui, madame la baronne, un double meurtre.

— Grand Dieu! et quel est l'abominable scélérat?...

— Cet abominable scélérat est en réalité le plus honnête homme du monde, et je vous déclare, en mon âme et conscience, qu'il me paraît très à plaindre et très peu à blâmer.

— Cependant, il a tué?...

— Oui, madame la baronne, il a tué sa femme...

Sylvanire fit un bond sur sa chaise.

— Tué sa femme! — s'écria-t-elle. — Quelle horreur!

— Permettez-moi de finir ma phrase. — J'allais ajouter : — et le complice de sa femme...

— Ah! — murmura la baronne en baissant à demi les yeux, — il était donc...?

— Il était trompé, oui, madame, trompé d'une manière honteuse et lâche, et il ne s'en doutait pas. — Ses yeux ne se sont ouverts à l'évidence qu'au moment fatal où il a surpris les coupables.

— A quelle classe appartenait-il, cet homme si vindicatif?... — demanda Sylvanire.

— A la classe de ces travailleurs infatigables qui ont conquis à force de courage et d'économie une sorte d'aisance relative. — Ce malheureux, âgé maintenant de quarante ans, s'était marié, il y a quatre ans, avec une orpheline jeune et jolie, sauvée par lui de la plus horrible misère et sans doute aussi de tous les égarements de la débauche hideuse et vénale. — Simon, c'est ainsi qu'il se nomme, — adorait sa femme, il ne vivait que pour elle, — il aurait passé de grand cœur ses jours et ses nuits au travail afin de se procurer l'argent nécessaire aux fantaisies de sa chère Marguerite... — J'ai fouillé dans le passé de Simon. — Non-seulement je n'y ai trouvé ni une tache ni une souillure, mais encore les actions nobles et généreuses s'y rencontrent à chaque instant... — L'une d'elles est même la cause indirecte de la terrible catastrophe qui va se dénouer — par un acquittement que je crois certain — sur les bancs de la cour d'assises.

Le procureur du roi s'interrompit.

Un frémissement de curiosité courut parmi les auditeurs.

— Voyons, voyons, — fit Sylvanire, — oh! monsieur le baron, dites-nous cela... — Je vous assure que nous mourons d'envie d'avoir des détails. — Ne voyez-vous pas que je palpite d'anxiété? — Vous racontez si bien!

Le procureur du roi s'inclina et reprit :

— Simon, quatre ou cinq ans avant son mariage, vit arriver à l'improviste chez lui un jeune garçon d'une quinzaine d'années, son cousin à un degré très éloigné. — Ce jeune garçon venait de perdre coup sur coup son père et sa mère, pauvres journaliers d'un village de Franche-Comté; — il était vêtu de haillons et mourait de faim. — Simon le recueillit, le traita comme son propre fils, lui apprit son état de potier d'étain et fit de lui, non son ouvrier, mais son associé. — Certes, la reconnaissance aurait dû parler bien haut et bien éloquemment dans le cœur du jeune homme. — Il n'en fit rien. — Le misérable, dominé par des passions d'une infernale violence, ne craignit point de s'adresser, pour les satisfaire, à la femme de son parent et de son protecteur. — Il lui déclara son criminel amour. — La perfide créature écouta sans colère un aveu qu'elle aurait dû repousser avec horreur, — elle ne tarda point à brûler elle-même des feux adultères qu'elle avait fait naître, — le toit conjugal fut profané par le plus impardonnable de tous les outrages. — Cela dura longtemps. — Un impénétrable mystère enveloppait le crime sous ses ombres protectrices. — Simon, d'ailleurs, était facile à tromper, — sa généreuse et confiante nature ne se pliait point au soupçon, — et, je vous le demande, comment soupçonner la complicité effrayante de sa femme bien-aimée et de celui qu'il regardait comme son enfant? Il est de certains forfaits, invraisemblables et pour ainsi dire inadmissibles, devant lesquels l'imagination épouvantée recule. — Ainsi, je vous le déclare, moi dont la vie se passe au milieu des crimes de toute nature, que je dissèque et que j'étudie comme le chirurgien étudie avec son scalpel les cadavres gangrenés, je ne puis croire au parricide, et, lors même que l'évidence m'apporte sa lumière implacable, je me prends à douter encore. — L'aveugle confiance de Simon fut de longue durée, je le répète. — L'impunité produisit sur les coupables son effet habituel, — elle les enhardit au point de leur faire, peu à peu, oublier toute mesure. — Ils négligèrent les précautions habituelles dont ils s'entouraient et le flagrant délit vint un jour jeter à Simon, comme un coup de tonnerre, la foudroyante certitude de l'attentat qu'il ne soupçonnait pas. — Une fureur soudaine, vengeresse, irrésistible, envahit son âme en face de ce spectacle infâme; il saisit un lourd marteau, arme providentielle que le hasard jeta sous sa main; il frappa les coupables, et, sans hésiter, il vint dire aux magistrats : — *Voilà ce que j'ai fait, jugez-moi !*

M. d'Autrichard avait achevé.

Un silence de quelques instants suivit ses dernières paroles.

Ainsi qu'il nous paraît naturel et logique de s'y attendre, ce fut madame de la Margelle qui rompit ce silence.

— Ah ! monsieur le baron, — dit-elle, — rien n'est plus émouvant que ce petit récit... — j'en ai les nerfs tout agités, et je suis bien certaine de ne pas fermer l'œil une seule

minute la nuit prochaine..... — Certainement, la situation de ce pauvre mari est intéressante, et je le plains de toute mon
âme. — Je conviens volontiers que rien n'est
plus désagréable que d'être... ce que vous
savez et de le savoir. — Aussi je ne demande
point qu'il soit condamné à mort.. — non...
— Je pencherais même assez volontiers vers
une certaine indulgence, dans une certaine
mesure... — Je propose pour lui la déten-
tion perpétuelle, par exemple... — Il faut
bien qu'il soit quelque peu puni, n'est-il pas
vrai? car enfin sa conduite n'est point
exempte de férocité... — Ne pouvait-il adresser à sa femme des représentations bien sen-
ties, — lui donner, même, au besoin, quelques coups de cravache, — quoique ce mode
de correction me paraisse souverainement

répréhensible, — et mettre très carrément à la porte de chez lui son indélicat associé?... — J'aurais compris cela, — mais les tuer tous les deux!... les tuer à coups de marteau?... ah! fi!... — Eh! mon Dieu, monsieur le baron, vous connaissez le monde, — il n'est pas parfait, tant s'en faut!... — Combien de gens, et je dis des plus hauts placés, qui se trouvent tout justement dans la situation du potier Simon et qui ne disent rien, et qui font bien... — La chose est générale, je vous assure, et même j'ai pu me convaincre, en lisant l'histoire du bon vieux temps :

Que la garde qui veille aux barrières du Louvre
N'en défend pas les rois !...

Où en arriverions-nous, je vous le demande,

si tous les maris mécontents mettaient l'épée ou le coutelas à la main pour un petit massacre intime ?... Franchement, la Saint-Barthélemy ne serait rien auprès de cela !... — Certes, je suis bien désintéressée dans la question, puisque me voilà veuve, et que d'ailleurs on connaît mes principes, mais je dis qu'il n'est pas convenable de se faire justice de ses propres mains, et que la loi ne peut et ne doit permettre de disposer de la vie de qui que ce soit sans demander un compte sévère du sang versé !... — Est-ce vrai, cela, monsieur le baron ?

— Madame la baronne, — répondit le procureur du roi, — vous touchez là à une question brûlante et d'une importance colossale... — Certes, vous êtes dans le vrai en thèse générale, et la vie de l'homme est sacrée...

— Et à plus forte raison la vie de la femme, être faible et sans défense !... — interrompit Sylvanire.

— Oui, madame, à plus forte raison, — comme vous dites..., — fit M. d'Autrichard avec un salut et un sourire, — mais la loi, dans sa sagesse souveraine, bien qu'elle n'admette jamais l'homicide, admet cependant certains cas où l'homicide est excusable.

— La loi admet cela ?

— Oui, madame.

— Eh bien, la loi a tort, voilà tout.

— Comment !... madame, vous trouvez injuste qu'il soit permis de tirer un coup de pistolet à un voleur qui s'introduit la nuit dans votre maison, avec effraction et escalade, pour vous dépouiller, et qui peut-être en veut à votre vie ?..... — Vous voudriez que la loi punît, comme un assassinat, ce meurtre légitime ?...

— Non, certes, — mais vous me parlez d'un voleur, et moi je vous parle d'un amant. — Ce n'est pas du tout la même chose...

— Ce n'est pas la même chose en effet, — s'écria M. de Talmay en intervenant dans le débat, — car l'amant est bien autrement coupable que le voleur.

— Ah ! par exemple, — murmura Sylvanire, — voilà une théorie qui me paraît originale et nouvelle, mon cher neveu, et j'avoue que je serais curieuse de voir de quelle façon

vous vous y prendriez pour la soutenir !...
je crois que l'entreprise vous semblerait assez
difficile.

— C'est la plus facile de toutes les entreprises, au contraire, je puis vous le prouver en deux mots... — Le bandit qui force votre secrétaire pour y prendre quelques poignées d'or, ne vous blesse que dans vos intérêts matériels, ne vous atteint que dans votre fortune... — L'amant est un voleur aussi, un voleur qui vous enlève ce que vous avez de plus cher au monde, — votre repos, votre bonheur, les joies de votre vie, le sommeil de vos nuits, l'honneur de votre nom, l'espoir de votre vieillesse ! Voilà ce que fait l'amant.

— J'ajouterai que presque toujours il se montre lâche et vil ! — Le bandit qui vous dévalise est un échappé de la geôle ou du bagne, un ténébreux coquin qui ne vous connaît pas, dont vous ignorez le nom, qui vous pille et qui s'en va. — L'amant, lui, neuf fois sur dix, est l'ami du mari dont il se fait le courtisan et le flatteur, et qu'il caresse pour mieux le tromper... *Ruse de guerre*, dit-on, *et de bonne guerre !* — Ce n'est pas vrai ! — La déloyauté est toujours honteuse et la trahison toujours infâme ! — La poignée de main menteuse que l'amant donne au mari, c'est le baiser de Judas sur la joue du Christ.

— Ta ta ta ! — répliqua Sylvanire un peu déconcertée, mais point convaincue, et pour cause, — voilà de grands mots, mon cher neveu...

— Pour exprimer de grandes vérités, ma chère tante...

— Alors, en votre qualité de membre du jury, et avec vos idées bizarres, vous déclareriez demain le potier Simon non coupable?

— Oui, certes, et avec enthousiasme!

— Eh bien, je vous en fais mon compliment!...

— Je l'accepte, et j'ai la conviction que je ne serai pas seul à le mériter et que tous mes collègues proclameront comme moi l'innocence de l'accusé...

— Très bien... mais avez-vous du moins le courage d'accepter jusqu'au bout les conséquences d'un pareil système et la franchise d'en convenir ?...

— Oui, sans doute.

— Quelles qu'elles soient!

— Quelles qu'elles soient.

— Ainsi, vous approuvez le mari qui tue sa femme ?

— Je l'absous, mais je ne l'approuve pas...

— A la bonne heure ! — fit Sylvanire d'un air triomphant. — Vous ne l'approuvez pas, mon neveu, c'est déjà quelque chose.

Les sourcils de M. de Talmay se contractèrent... Son front se plissa, ses yeux lancèrent de sombres éclairs, et tout son visage prit une physionomie presque farouche qu'aucun des convives assis à sa table ne lui connaissait encore.

— Ma tante, — dit-il d'un ton calme et d'une voix mesurée qui contrastait étrangement avec la violence des sentiments qu'il exprimait, — vous me comprenez mal, ou plutôt vous ne me comprenez pas du tout.

— Je désapprouve le mari qui tue en même temps la femme coupable et le complice de cette femme, parce que la vengeance ainsi pratiquée me semble insuffisante, parce que le châtiment ne me paraît point à la hauteur de l'outrage.

— Eh quoi!—s'écria la baronne stupéfaite, — croyez-vous donc qu'il existe une punition plus terrible que la mort?...

— Certes, je le crois.

— Laquelle?...

— La vie, — la vie passée tout entière auprès du mari trompé, implacable dans sa froide colère comme la fatalité des poètes antiques. — Je vous le jure, l'existence de la femme adultère doit être, dans ces conditions, un supplice auquel nul autre ne se peut comparer.

Madame de la Margelle secoua la tête sans répondre.

Le comte de Talmay eut aux lèvres un sourire plein d'ironie.

— Vous n'êtes pas de mon avis, ma chère tante, — dit-il ensuite, — je le vois bien, et je m'y attendais; mais demandez à M. d'Autrichard s'il trouve que je sois dans le vrai et si mon opinion est aussi la sienne.

Sans attendre qu'on l'interrogeât directement, le baron répondit :

— Je partage absolument votre manière de voir, mon cher comte, et le châtiment dont vous venez de parler me semble plus effrayant pour la coupable que l'emprisonnement cellulaire à perpétuité, qui cependant est pire que la mort selon l'avis de tous les gens qui ont raisonné et qui ont écrit sur la matière.

Une sorte de malaise général succéda à ces paroles.

La conversation qui précède avait jeté sur l'esprit de tous les convives un voile de tristesse. — Madame de Talmay semblait en proie à une profonde et pénible émotion. — Georges de Commarin, malgré son empire habituel sur lui-même, était plus pâle que de coutume. — Martial Herbelin attachait son regard investigateur tantôt sur Georges, tantôt sur la jeune comtesse, avec une préoccupation manifeste.

Peu à peu cependant l'impression pénible que nous venons de signaler s'effaça et finit par disparaître.

Des dialogues particuliers s'engagèrent, puis se généralisèrent, et comme les drames de cours d'assises n'en faisaient plus les frais comme, en même temps, les vins les plus généreux circulaient autour de la table et remplissaient les verres, la gaieté ne tarda pas à renaître et le souper s'acheva plus joyeusement qu'il n'avait commencé.

Au moment où les maîtres du château et leurs hôtes se levèrent de table pour quitter la salle à manger, l'orage avait complètement disparu, sans qu'une seule goutte d'eau fût tombée des nuages entassés ; — de vagues éclairs illuminaient encore l'horizon par intervalles, mais la grande voix du tonnerre ne retentissait plus.

— Vous voyez, ma chère Marie, combien vous aviez tort de vous alarmer il y a une heure...,... — dit M. de Talmay à sa femme ; — nous allons avoir, le baron et moi, le temps le plus charmant du monde pour notre petit voyage.

— Quand partirez-vous ? — demanda madame de Talmay.

— Dans un instant, et je vais, tout de ce pas, donner des ordres à mon cocher...

Et M. de Talmay sortit.

VIII

Départ.

Madame de Talmay et ses hôtes, en quittant la salle à manger, passèrent dans un boudoir attenant au salon de réception et qui, moins vaste que cette dernière pièce, était par conséquent plus convenable pour une réunion intime et peu nombreuse.

Le comte avait décidé que son absence et son séjour à Dijon pour les séances de la cour d'assises, n'interromperaient point les chasses commencées ; — la plupart des convives du souper devaient donc coucher au château.

MM. de Luzzy, seuls, se proposaient de retourner à leur habitation, située à une faible distance.

Le boudoir dans lequel nous introduisons nos lecteurs, avait été décoré et meublé par la grand'-mère du comte Henri. — Une tenture de satin de Chine, brodée de dragons, de chimères et de fleurs fantastiques, couvrait les murailles ; — les siéges étaient en bois doré et en tapisserie des Gobelins, dont les médaillons reproduisaient avec une merveilleuse finesse de tons des sujets champêtres peints par Boucher ; — la garniture de cheminée attirait l'attention par son originalité. — Un éléphant de porcelaine de Saxe, portant sur son dos le cadran de la pendule, avait pour escorte deux petits nègres coiffés de turbans dorés et vêtus d'étoffes aux couleurs éclatantes.

A droite et à gauche, entre des candélabres d'un rococo mythologique adorable et de magnifiques cornets du Japon, deux magots chinois étalaient leur gros ventre et leur rire éternel.

Les admirateurs de la ligne droite et de la forme grecque trouvaient cela fort laid...

Un guéridon formé d'un immense plat de

porcelaine de Chine, monté en bronze doré, servait de table au milieu. — Au plafond, pendait un joli lustre rocaille.

Nous devons signaler en outre un chiffonnier et un petit secrétaire en bois de rose à ornements de cuivre, meubles charmants, si longtemps dépréciés, et qu'on a le bon goût de rechercher avidement aujourd'hui, comme objets de vrai luxe et de haute curiosité. (Se défier des imitations.)

Marie de Talmay et la baronne Sylvanire s'étaient assises l'une auprès de l'autre sur un sopha digne d'être décrit par Crébillon fils, quoiqu'il n'eût été, selon toute apparence, le héros de nulle scabreuse aventure.

Les hommes formaient un demi-cercle autour des dames ; mais, nous devons le dire, la conversation restait languissante malgré les efforts de madame de la Margelle pour la soutenir et la raviver.

Ceci s'explique.

Le procureur du roi songeait malgré lui aux foudroyants réquisitoires qu'il ferait éclater le lendemain sur la tête des accusés anéantis.

Georges de Commarin se trouvait en proie à une vive préoccupation, et c'est à peine s'il répondait par des monosyllabes lorsqu'il lui devenait complètement impossible de ne pas répondre.

Martial Herbelin observait.

Marie de Talmay, silencieuse et absorbée,

ne semblait prêter aucune attention à ce qui se passait autour d'elle.

Nous savons déjà que le receveur général n'avait aucun droit au titre de causeur brillant. — Quant aux autres personnages, ils se faisaient un véritable point d'honneur de sortir le moins possible de leur rôle de comparses muets.

A toutes ces causes de mutisme nous devons ajouter l'accablante pesanteur de l'atmosphère. — L'orage, ne s'étant point dissous en pluie, avait laissé l'air surabondamment imprégné de ces effluves électriques si lourds et si énervants pour les corps et pour les esprits.

M. de Talmay reparut.

Il avait échangé son costume de chasse contre une toilette de circonstance, de couleur sombre et d'une coupe sévère.

Il lui paraissait convenable d'être vêtu avec une sorte d'austérité significative pour prendre part aux formidables solennités de la cour d'assises, et nous pensons qu'il avait raison.

— Mon cher baron, — dit il au procureur du roi, — je crois le moment venu de prendre congé de ces dames. — Les chevaux sont attelés et la voiture nous attend au bas du perron...

Au moment où M. d'Autrichard s'inclinait devant la comtesse et devant Sylvanire dans un salut d'adieu, un domestique vint prévenir le comte que son homme d'affaires arrivait au château et demandait à lui parler.

M. de Talmay quitta le boudoir, dans lequel il reparut au bout de quelques minutes, tenant à la main un portefeuille de cuir fauve.

— Ma chère Marie, — dit-il à sa femme, le temps me manque pour remonter dans mon appartement ; — chargez-vous donc de ceci, je vous prie, et traitez ce portefeuille avec tout le respect qu'on doit à ce tout-puissant dieu du jour qu'on appelle l'argent...

— Qu'y a-t-il donc là dedans ? — demanda la jeune femme.

— Vingt mille francs en billets de banque.

— Mais par quel hasard ces billets arrivent-ils, à cette heure, entre vos mains ?

— Par le hasard le plus simple du monde. — Mon homme d'affaires a touché dans la journée le prix d'une coupe de bois, à cinq ou six lieues d'ici, et il se hâte de m'apporter ce prix pour mettre sa responsabilité à couvert...

— Mon ami, — dit la comtesse, — cela m'inquiète, je vous assure, de rester commise à la garde d'une si grosse somme...

— Croyez-vous donc, — fit M. de Talmay en riant, — que l'appât de ce riche butin doive attirer une bande de voleurs au château ?...

— Je ne crois rien, mais enfin cela ne serait pas impossible...

— Soyez sans crainte, ma chère enfant.
— D'abord, personne au monde ne sait que cet argent se trouve ici ; ensuite, je vous promets que les voleurs ne songeront jamais à se hasarder dans une maison pleine, comme celle-ci, de monde et d'armes. — La présence de nos amis doit vous mettre absolument à l'abri de toute appréhension fâcheuse...

— Oui, sans doute, et cependant j'aimerais beaucoup mieux vous voir emporter ce portefeuille avec vous...

— Cela est un enfantillage de votre part et serait une imprudence de la mienne. — Autant ces vingt mille francs se trouvent en sûreté dans ce château, autant ils pourraient être exposés dans un hôtel garni dont les portes ferment mal et où il existe de doubles clés de toutes les serrures... — Est-ce votre avis, mon cher baron ?

— Entièrement.

— Vous entendez, Marie : — l'opinion du procureur roi est sans appel en semblable matière ; résignez-vous donc de bonne grâce à devenir la dépositaire de ceci... — Jamais plus gracieux caissier n'aura fait l'honneur d'une maison de banque.

— Vous le voulez, Henri ?

— Je vous en prie.

— Eh bien, soit. — Mais c'est malgré moi...

— Et je vous en suis d'autant plus reconnaissant.

Madame de Talmay prit le portefeuille avec une répugnance manifeste. — Elle le plaça dans l'un des tiroirs du chiffonnier dont nous avons déjà parlé, et elle retira la clé après l'avoir fait tourner à deux reprises dans la serrure.

— Voilà qui est à merveille, — dit le comte, — et je partirai avec une tranquillité d'esprit complète... — Voulez-vous nous accompagner jusqu'au perron, chère Marie?...

— Certes, je le veux. — Et revenez vite, mon ami.

— Voilà qui ne dépend pas du tout de moi, malheureusement. — Mais savez-vous ce qui serait bien aimable à vous?...

— Voyons.

— Ce serait de venir avec ma tante me faire une petite visite à Dijon. — Cette visite me consolerait des rigueurs de mes vilaines fonctions de juré... — Viendrez-vous ?

— Vous n'en doutez pas. — Oui, j'irai, et de grand cœur...

— Ah ! je le crois bien que nous irons ! — dit Sylvanire. — J'aimerais fort à voir juger et condamner deux ou trois coquins... — Monsieur le baron, vous nous donnerez ce divertissement, n'est-ce pas ?

— Madame la baronne, je vous promets des fauteuils dans l'enceinte réservée.

— A merveille... — ce sera fort gai... — Ma parole d'honneur, je me réjouis tout à fait de cette petite partie de plaisir !...

Ce qui précède s'était dit en traversant les pièces qui séparaient le boudoir du vestibule.

Dans la cour intérieure, au bas des larges degrés du perron, une calèche découverte attendait.

Les lanternes d'argent projetaient en avant une large zone de lumière. Les chevaux piaffaient sous la main habile du cocher qui ne parvenait qu'à grand'peine à contenir leur impatiente ardeur.

M. de Talmay embrassa sa femme et sa tante, serra la main des hommes qui restaient ses hôtes malgré son départ, et monta dans la voiture, où déjà le procureur du roi venait de prendre place.

— Au revoir, — dit-il, — à bientôt… —

surtout, Marie, n'oubliez pas votre promesse.

La comtesse répondit affirmativement, et, sur l'ordre d'Henri, le cocher rendit la main à ses chevaux, et l'attelage partit à cette allure rapide et cadencée qui fait des trotteurs anglais les premiers trotteurs du monde.

Lorsque la calèche eut disparu dans les profondeurs de la longue avenue aboutissant à la grille du parc, madame de Talmay, la baronne et ses convives du souper reprirent le chemin du boudoir, à l'exception de Martial et de Georges.

Le jeune docteur avait touché légèrement l'épaule de son ami, en lui disant :

— Veux-tu faire un tour de promenade?

— Maintenant?

— Oui.

— Quelle ardeur de locomotion nocturne s'empare ainsi de toi?... — Enfin, si tu le désires, que ta volonté soit faite.

Martial prit le bras de Georges, descendit avec lui les degrés du perron, et tous deux s'enfoncèrent sous les arbres dont la verdure épaisse formait au-dessus des allées sinueuses une voûte impénétrable aux pâles clartés qui tombaient du ciel.

Nous les rejoindrons bientôt dans cette promenade qui n'était pas sans but... — mais il nous faut suivre d'abord la voiture de M. de Talmay.

Cette voiture roulait depuis un quart d'heure... — elle allait atteindre les deux pavillons construits en pierre vermiculée et en brique, qui flanquaient à droite et à gauche la grille monumentale du parc.

L'un de ces pavillons était habité par un brave garçon nommé Michel, remplissant les doubles fonctions de concierge et de garde.

Au moment où la calèche arrivait à la grille, un bruit de voix se fit entendre et les chevaux s'arrêtèrent brusquement.

— Qu'y a-t-il ?... — demanda M. de Talmay.

Un homme, dont l'obscurité ne permettait pas de distinguer les traits, s'approcha de la portière.

— C'est moi, monsieur le comte, — dit cet homme.

— Vous, qui ?

— Michel, monsieur le comte.

— Eh bien, Michel, que mé voulez-vous?

— Je veux remettre à monsieur le comte, une lettre qu'on m'a donnée pour lui tout à l'heure.

— Une lettre?

— Oui, monsieur le comte.

— Où est-elle, cette lettre?

— La voici.

— Qui l'a apportée?

— Un petit paysan que je ne connais pas. — Il m'a bien recommandé de guetter M. le comte au passage. Il a dit que c'était très pressé et très important.

— Voilà qui est bizarre! — murmura M. de Talmay. — Qui peut m'écrire ainsi et me faire tenir sa lettre au passage, au lieu de l'envoyer au château? Enfin, nous allons voir.

Puis, tout haut, il reprit :

— Michel !

— Monsieur le comte !

— Décrochez une des lanternes de la voiture et apportez-la ici.

— Tout de suite, monsieur le comte.

— Pardon de ce retard, mon cher baron, — dit Henri au procureur du roi, — vous voyez qu'il est absolument involontaire.

— Le retard n'existe pas, mon cher comte, répondit M. d'Autrichard.

En même temps, Michel revenait avec la lanterne demandée.

Pendant une ou deux secondes, Henri examina d'un œil curieux et instinctivement inquiet l'apparence et la suscription de la lettre qui venait de lui être remise.

Elle était écrite sur du papier assez commun, — cachetée avec de la cire rouge sur laquelle se voyait en creux l'empreinte d'une pièce de vingt francs, et les caractères de l'adresse semblaient tracés par la main inexpérimentée d'une femme.

— Si ma jeunesse avait été plus orageuse, — pensa M. de Talmay, — et si je me trouvais au lendemain de mon mariage, je croirais que cette épître provient de quelque grisette dijonnaise, de quelque Ariane abandonnée, de quelque ex-maîtresse facilement consolée et se disant inconsolable. — Mais je suis marié depuis quatre ans et mes Arianes furent peu nombreuses... — De qui diable ceci peut-il être...?

Tout en se posant pour la seconde fois cette question, il rompit le cachet, et ses yeux coururent chercher la signature au bas de la page.

Cette signature manquait.

La lettre était une lettre anonyme.

FIN DU PREMIER VOLUME.

TABLE DES CHAPITRES.

		Pages
Chapitre	I. Mademoiselle Flore.	1
—	II. Les souvenirs de la baronne.	29
—	III. Henri de Talmay	79
—	IV. Sylvanire et Marie	111
—	V. Une imprudence.	151
—	VI. Silhouettes et photographies	193
—	VII. Le souper.	235
—	VIII. Départ.	297

FIN DE LA TABLE.

Fontainebleau. — Imp. de E. Jacquin.

LES ÉTRANGLEURS DE PARIS
Par Constant Guéroult et Paul de Couder,

PRÉCÉDÉ DE
LES ÉTRANGLEURS DE L'INDE
Par Méry.

Ouvrage terminé, 12 volumes in-8, avec affiche à gravure. — Net : 48 fr.

COMMENT ON AIME
Par Étienne Énault.

3 volumes in-8, avec affiche à gravure. — Net : 12 fr.

LA FILLE DE SATAN
Par madame Clémence Robert.

4 volumes in-8, avec affiche à gravure. — Net : 16 fr.

LA CHANTEUSE DE MARBRE
HISTOIRE DU XVIIe SIÈCLE
Par Octave Féré et D. A. D. Saint-Yves.

4 volumes in-8, avec affiche à gravure. — Net : 16 fr.

LA HAINE D'UNE FEMME
Par Henri de Kock.

3 volumes in-8, avec affiche à gravure. — Net : 12 fr.

UN PROCÈS CRIMINEL
Par Xavier de Montépin.

2 volumes in-8, avec affiche à gravure. — Net : 8 fr.

TROIS AMOURS
Par madame la Comtesse d'Ash.

2 volumes in-8, avec affiche à gravure. — Net : 8 fr.

Fontainebleau — Imp. de E. Jacquin

www.ingramcontent.com/pod-product-compliance
Lightning Source LLC
Chambersburg PA
CBHW060641170426
43199CB00012B/1628